英文速読マスター

ENGLISH SPEED READING MASTER

標 準 編

英語問題作成所

武藤 一也　東進ハイスクール・東進衛星予備校講師

奥野 信太郎　英語専門塾セプト塾長

角脇 雄大　英語専門塾セプト講師

高山 のぞみ　河合塾講師

堀越 ちさと　水戸駿優予備学校講師

COMPLETED IN 14 DAYS

桐原書店

英文速読マスター

ENGLISH SPEED READING MASTER

標 準 編

英語問題作成所
武藤 一也　東進ハイスクール・東進衛星予備校講師
奥野 信太郎　英語専門塾セプト塾長
角脇 雄大　英語専門塾セプト講師
高山 のぞみ　河合塾講師
堀越 ちさと　水戸駿優予備学校講師

別冊　問題編

桐原書店

解答・解説編 12ページ | ワード数 210 words | 目標解答時間 8分

A high school student, Laura, sent a text message to her classmate, Chad, about a school festival.

Laura **10:30** a.m.
How long are you going to be out there shopping? We don't have any materials to prepare for the school festival, so we can't get started. We are behind the other classes.

Chad **10:33** a.m.
Sorry for taking so long. I just need to buy some more things for the play. Wait, how many hats should I buy for the witch roles?

Laura **10:39** a.m.
Three. We have three witches in the story. Don't you remember?

Chad **10:44** a.m.
I thought it was two. Then, if I buy three, that would go a little over our budget. Can we get some more money from the school?

Laura **10:50** a.m.
No, we can't. As the guidelines say, every class gets 50 dollars for their work and we can't add any extra money. If we don't follow the rules, we'll have fewer points in the contest when teachers decide which class has given the best play.

Chad **10:53** a.m.
I see. That'll make it less likely that we can win. Then, how about just having two witches? I don't think that would change the main story.

Laura **11:02** a.m.
I really don't want to do that, but I guess we have no choice. In that case, you should check with Kate, who is the leader of our team, if it's acceptable. Can you let her know as soon as possible?

問 1 Laura sent a message to Chad because she wanted him to (　　　).

① buy a few more things for the play
② check if the store had enough hats for them
③ know about the change of the plan
④ realize that they are late in preparing for the play

問 2 What is the problem with the play?

① It turned out that Laura's class is less likely to win the contest.
② It will be difficult to have fewer characters in the story.
③ Laura's team cannot buy enough items within the budget.
④ One class will be given a smaller budget from the school.

問 3 If you were Chad, how would you reply to Laura's last message?

① Do you have her phone number?
② I can't ask her to join us.
③ I can't come up with a new story.
④ We can ask our teacher to increase the budget.

を使って記録してみましょう。

記録

分　　　　秒　　　　wpm

解答

問 1	問 2	問 3	
			/3 正解

You are a member of a high school band club and want to perform on stage. You visit the new advertisement of the official website of the National Memorial Park.

National Memorial Park will have a new outdoor stage!

In order to cheer up our city, the National Memorial Park will open its special outdoor stage for free for private use on the first and third Saturday of July and August.

The Special Outdoor Stage Reservation Schedule

Morning Session ········ 10:00 A.M. – 12:00 noon
Afternoon Session ······ 1:00 P.M. – 3:00 P.M.

	Morning Session	Afternoon Session
July 3	for Dance Performances	for Chorus Performances
July 17	for Band Performances	for Chorus Performances
August 7	for Band Performances	for Band Performances
August 21	for Dance Performances	for Dance Performances

As you can see, we're opening our stage for various performances!
There are two types of reservation categories: Morning Session and Afternoon Session.

HOW TO MAKE A RESERVATION

A reservation should be made at least 3 weeks before your performance date. The reservation is basically done by e-mail. Please check the reservation schedule and notes. If you would like to reserve two sessions on the same day, please call us at 117-202-1116.
If you are interested, please send an e-mail to the address shown below indicating your preferred date and which session you would like.

NOTE

- On the day of your performance, all your members should gather in front of the outdoor stage an hour before the start time of each session.
- Please note that we do not rent out any tools.
- The stage has a roof, so performances can be held in the event of rain.

National Memorial Park Activation Association
e-mail : national.park.ra@nmc.jp Tel : 117-202-1116

問 1 If you want to have two sessions in a day, you will have to make a reservation by (　　　).

① becoming the member of the association
② filling in the form at the association
③ making a phone call to the association
④ sending an e-mail to the association

問 2 When a band uses the stage on July 17, they must (　　　).

① borrow some speakers on the day of the performance
② come to the stage at 9:00 A.M. with all of their members
③ make sure the weather is fine for their performance
④ reserve no later than the first week of July

問 3 Choose the correct statement about the National Memorial Park.

① Performers can use the stage only up to two hours a day.
② So far, there are no stages to rent out in the winter.
③ The night session will be put on the list soon.
④ The stage has been used for many different purposes.

TIME-PRACTICE を使って記録してみましょう。

記録

分　　秒　　wpm

解答

問 1	問 2	問 3	
			/3 正解

解答・解説編 28ページ ワード数 228 words 目標解答時間 9分

You found the following story in a blog written by your classmate, Ayako Ogawa.

Meeting My Host Family Again

Sunday, May 6

I met my host family in Victoria, Canada, for the first time in three years! I joined a study-abroad program when I was a second-year junior high school student, and I stayed with them for two weeks.

I decided to visit Victoria during my summer vacation and e-mailed my host brother Benjamin. He was kind enough to make some time to show me around.

I met the family again at Victoria International Airport, and we hugged each other. The next day, they took me to the Butchart Gardens. I had been there once, but I really enjoyed seeing the beautiful flowers there. We took pictures in the park.

Then, we went to the next place. Surprisingly, it was the junior high school I had studied at! I happened to meet Mr. Lucas, my English teacher there. Actually, my host mother Olivia secretly made an appointment with him. I remembered having a great time at the school.

The family, Mr. Lucas and I had dinner at *Amore*, an Italian restaurant. We talked a lot. Benjamin told Mr. Lucas that he and I had enjoyed playing tennis all day in the schoolyard during my first stay in Canada.

Now, I love Victoria and the people there more than before. I will contact my host family and want to meet them again soon!

問 1 Put the following events (①～④) into the order in which they happened.

① The writer and the family took photos in a park.

② The writer played tennis with her host brother.

③ The writer sent a message to her host brother.

④ The writer went back to the school in Victoria.

問 2 From the story, you learn that (　　　).

① the writer already graduated from high school

② the writer didn't go to the Butchart Gardens last time

③ the writer made a plan about what to do in Victoria

④ the writer was taught English by Mr. Lucas three years ago

問 3 The writer says that she wants to (　　　).

① keep in touch with her host family

② learn how to make Italian dishes

③ look after the plants in the Butchart Gardens

④ remember Victoria and its people

TIME-PRACTICE を使って記録してみましょう。

記 録

分　　秒　　wpm

解 答

問 1	問 2	問 3	
→ → →			/3 正解

You want to stay fit and are thinking of joining a gym. You visit a website of a gym.

ALL TIME FITNESS & SPA

Want to stay healthy and look fit? Now is a good time to join **ALL TIME FITNESS & SPA.** We're happy to help you set your goals and achieve them! Depending on what you want to do or when you want to exercise, you can choose either Early Riser, Stepper, or Deluxe. Every member can use our latest machines and take studio lessons. The most popular courses will be held in the afternoon, so if you want to take classes like yoga and dance, we suggest joining either Stepper or Deluxe.

We also offer spa treatments, which have been featured in magazines many times. Every member can use our spa for an additional fee. If you want to know more about our spa, please ask any of our staff members.

Here is a table of what each membership holder can do:

What you can do	Membership Options (monthly fee)		
	Early Riser ($60)	Stepper ($110)	Deluxe ($150)
Use our gym from 9:00 a.m. to 2:00 p.m.	●		●
Use our gym from 2:00 p.m. to 10:00 p.m.		●	●
Work out on our latest machines	●	●	●
Take studio lessons	●	●	●
Consult a personal trainer			●
50% off spa treatments			●

☆ Join before June 30 and get a special invitation to use our spa. You can receive a $10 discount on any spa treatment.

☆ Email us ***here*** to sign up for a trial; you can use our machines and take any lesson you like for only $15. If you join our gym after the trial, you can get a 10% discount on your monthly membership fee for two months!

問 1 If you become a new Stepper member, you can (　　　).

① ask your personal trainer for advice
② join yoga classes at the gym's studio
③ take a spa treatment at half price
④ use the gym anytime in the morning

問 2 All the members can (　　　).

① bring their friends to the gym
② use the spa if they pay extra money
③ visit the gym whenever they want to
④ work out with their personal coaches

問 3 If you use the gym for a trial on May 27 and decide to join from June, you will (　　　).

① have to pay $15 to become an Early Riser member
② receive a $10 discount on the membership fee
③ save money on the gym in June and July
④ take as many studio lessons as you want for free

TIME-PRACTICE を使って記録してみましょう。

記録

分　　　　秒　　　　wpm

解答

問1	問2	問3	
			/3 正解

解答・解説編 46ページ | ワード数 268 words | 目標解答時間 11分

When you were looking for something to make during the weekend, you found the following recipe for a Jamaican dessert and reviews for it.

Gizzada
(Jamaican coconut tart)

Ingredients (5 to 6 pieces)

■ Crust

Ⓐ
453 g flour
½ tablespoon sugar
¼ teaspoon salt

113 g cold butter
113 g cold shortening
¾ cup cold water

■ Filling

Ⓑ
3 cups water
1 ½ cups sugar
¼ cup ginger paste

Ⓒ
3 cups small dried pieces of coconut
1 teaspoon nutmeg
1 teaspoon cinnamon
1 tablespoon vanilla

1 tablespoon butter

First, make the crust (about 40 minutes for (1)-(5)).

(1) Place Ⓐ in a bowl and mix.

(2) Add the butter and shortening to **(1)** and mix it well.

(3) Add cold water to **(2)**.

(4) Mix **(3)** well until it becomes a thick paste.

(5) Cool **(4)** about 30 minutes.

While the crust is cooled, make the filling.

(6) Place Ⓑ in a pan and boil on a low heat about 5 minutes until the sugar becomes clear.

(7) Add Ⓒ.

(8) Keep heating it for about 15 minutes until the water is gone.

(9) Stop the heat and add the butter.

(10) Cool the filling about 30 minutes.

While the filling is cooled,

(11) Roll out the crust to 3 mm thick.

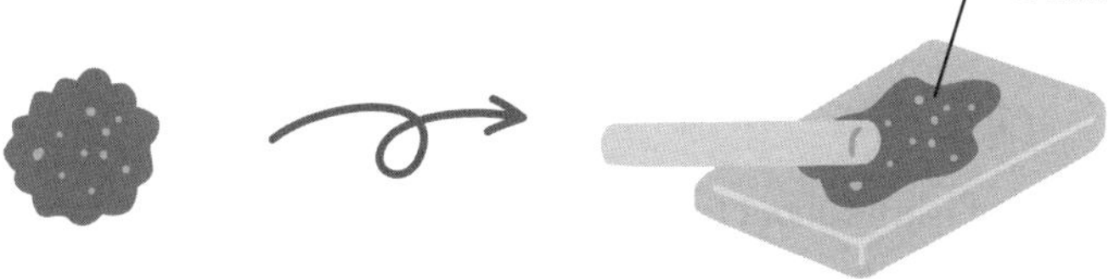

(12) Cut 10 cm circles out of it.

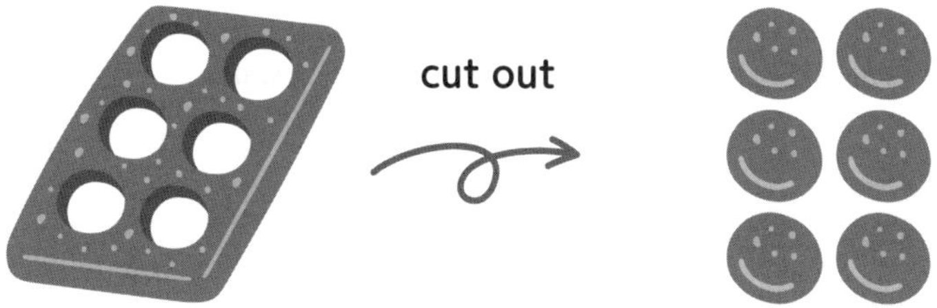

(13) Fill them with the cooled filling (a hot filling will ruin the crust by making it too soft).

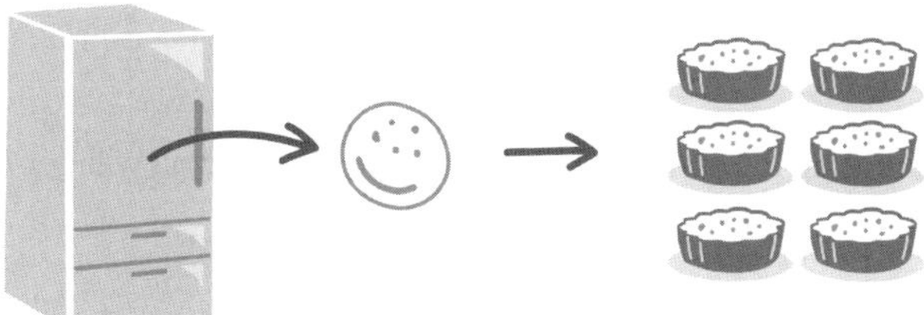

(14) Bake them for 25 minutes (get the oven at 200°C before this step).

Reviews

Jason **(Dec. 10th)**

Never heard of it before and was worried about how it would taste. But it turned out great!

Kate **(Apr. 22nd)**

A little too sweet on my first try. Used less sugar and more ginger the second time, and it was perfect.

問 1 What is true about the recipe?

① Butter has to be added when the ingredients are not on the heat.
② There are two cooling stages but one is not necessary.
③ You have to boil the ingredients on a high heat to get rid of the water.
④ You have to use a high heat to mix the sugar well with water.

問 2 One reason the filling has to be cold is to (   ).

① avoid causing damage to the crust
② get the crust thin enough to hold the filling
③ keep the crust perfectly round for a better shape
④ prevent the crust from becoming too brown

問 3 If you add up the time something is being boiled, you will get (   ).

① 15 minutes
② 20 minutes
③ 25 minutes
④ 30 minutes

問 4 According to the website, one **fact** (not an opinion) about this recipe is that (　　).

① it tastes better if you put more ginger in it
② one of the reviewers made it more than once
③ people are often worried about how it looks
④ you don't have to use butter for the crust

を使って記録してみましょう。

記 録

分　　秒　　wpm

解 答

問 1	問 2	問 3	問 4	
				/4 正解

★★
LESSON 6

| 解答・解説編 55ページ | ワード数 271 words | 目標解答時間 11分 |

Percy, the student body president of Lapis High School, and you are creating a schedule for the school's celebration day.

Lapis High School Celebration Day Schedule

9:00 A.M.-10:00 A.M.	**Opening Event** (at Amber Hall)
10:00 A.M.-12:30 P.M.	**Part 1 :** **Students' dance performance** (at Amber Hall)
12:30 P.M.-1:30 P.M.	**Break time**
1:30 P.M.-4:00 P.M.	**Part 2 :** **Teachers' band performance** (at Amber Hall)
4:00 P.M.-5:00 P.M.	**Break time**
5:00 P.M.-6:30 P.M.	**Celebration Party and Closing Event** (at Diamond Hall)
6:30 P.M.-7:30 P.M.	**Clean up** The cleanup will continue on the morning of the following day.

Opening Event
(hosted by the student body president)

1. Opening Speech by Principal Morris
2. Greetings from the guests
3. Short movie showing the history of the school
4. Introduction of the performances on the day

Closing Event
(hosted by the student body president)

1. Voting for the Best Performance Prize
2. Awarding of the Best Performance Prize + short speech by the winner
3. Closing Speech by Principal Morris

To: Principal Morris <morris201@lapishighschool.com>

From: Student Body President Percy Walker <percy719@lapishighschool.com>

Date: September 17

Subject: Schedule for Lapis High School Celebration Day

Dear Principal Morris,

Thank you for agreeing to be the opening and closing speaker for the upcoming Lapis High School Celebration Day on Friday, October 20. I have made a schedule based on the advice you gave me the day before yesterday, so please check it out. If you have any questions, I would appreciate it if you would reply to this e-mail at your convenience.

Thank you,
Percy

To: Student Body President Percy Walker <percy719@lapishighschool.com>

From: Principal Morris <morris201@lapishighschool.com>

Date: September 17

Subject: RE: Schedule for Lapis High School Celebration Day

Dear Percy,

Thanks for making the schedule. I have no problem at all with my schedule, but I just got a call that one of our guests of honor, Amelia, won't be able to make it. So I'd like you to consider making the guest of honor remarks shorter by ten minutes. And about the celebration party, considering the size of Diamond Hall, I think it would be better to have it at the same place as the opening event. Diamond Hall is new and beautiful, though. Also, can you e-mail the company that will provide food and drink for the celebration party and check how much in total it will be?

Thank you,
Principal Anne Morris

問 1 What can you learn from the schedule?

① At the closing ceremony, students can be more familiar with the school's history.

② Percy is going to give a speech at the beginning of the celebration party.

③ The first and the second parts don't have the same total hours.

④ The person who will get the prize is supposed to make a speech.

問 2 What is **NOT** written in the schedule or e-mails?

① Amber Hall might be used for both the opening and closing events.

② Diamond Hall was built long before Amber Hall.

③ On the day of the celebration, there'll be total of two hours' rest.

④ Saturday morning is also scheduled as clean-up time.

問 3 When did Principal Morris give Percy some advice?

① October 18

② October 20

③ September 15

④ September 20

問 4 What is Percy most likely to do next?

① Call all the guests to make sure they can come to the school's celebration day.

② Change the time of the speech by Principal Morris as she wanted.

③ Communicate with Amelia to coordinate schedules again.

④ Contact those who will prepare meals and beverages for the party.

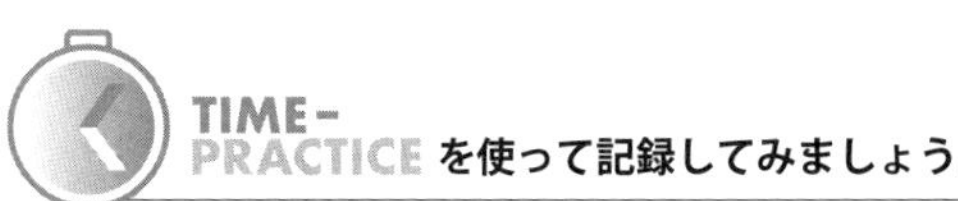
TIME-
PRACTICE を使って記録してみましょう。

記 録

分　秒　wpm

解 答

問1	問2	問3	問4	
				/4 正解

★★ LESSON 7

解答・解説編 64ページ | ワード数 280 words | 目標解答時間 11分

You are thinking about using an e-book reading service. You visit a website of a company that introduces some plans.

E V E R E A D

Enjoy reading, free from stress, without worrying about the cost or having to store printed books! All you need is a smartphone or a tablet computer to read many kinds of books and magazines. Our useful app makes your reading experience the most convenient ever.

With any plan, you have access to as many as 1 million books sold in the country anytime and anywhere. We offer book recommendations based on what you have read. You can read both online and offline, so once the data of a book is downloaded, you can read it without being connected to the Internet. If you are an Omnibooks reader, you can read the newest titles and enjoy them as audio books.

We have a monthly pay system. Depending on your taste and budget, you can choose from three types of membership options: Funbooks, Megabooks and Omnibooks.

What you get	Membership Options (monthly fee)		
	Funbooks ($10)	Megabooks ($12)	Omnibooks ($15)
Reading online and offline	●	●	●
Original app	●	●	●
Fiction and Non-fiction	●	●	●
Comic books	●		●
Magazines		●	●
Newly published books			●
Audio books			●
Free trial for one month			●

★ You can apply for a free trial of Omnibooks for the first month. Information about payment is needed to start the trial.

★ You can pay: by credit card / through an ATM.

★ You can get 20% off the price for the first month if you start using our service before April 30.

For more information, click ***here***.

Review & Comments

Kevin Taylor **March 16, 2021 at 10:12 a.m.**

Great system for reading e-books! I enjoy reading novels and cooking magazines. The app is very easy to use. Listening to a novel by my favorite author while driving has been a fresh experience for me.

問 1 All the users of the plans can ( ).

① avoid paying in the first month and the following month
② get book suggestions based on what they like
③ have the company send them paper books
④ read digital books only on the Internet

問 2 If you become a Funbooks user on April 10, you can read ( ).

① a novel on history and a fashion magazine online
② and listen to the books you choose from your book list
③ both fiction stories and comics at the lowest basic fee
④ comic books for the first two months for $10

問3 EVEREAD needs its users to (　　　).

① download some data of books

② have their own credit cards

③ pay at least $12 a month to read comics

④ pay the fee by the month

問4 What is true about Kevin?

① He enjoys the advantages of Megabooks.

② He is a user of Funbooks.

③ He reads e-books as an Omnibooks member.

④ He reads magazines for car drivers.

TIME-PRACTICE を使って記録してみましょう。

記録

分　　　秒　　　wpm

解答

問1	問2	問3	問4	
				/4 正解

Rome was not
built in a day.

解答・解説編 75ページ | ワード数 274 words | 目標解答時間 15分

You are going to give a presentation about food delivery. Read the following article and complete your slides.

DELIVERY

Have you ever been hungry but too tired to cook? About 90% of people in the US use delivery services at least once a month to eat pizza and other foods. As technology develops, food delivery has been improving.

In the late 18th century, milk started to be sold on the street in America. In 1890, an Indian food delivery system called "dabbawala" started. At that time India was under British rule, and Indian people got tired of eating British food. As a result, such systems became very popular especially at the workplace.

World War II caused food delivery to develop in another way. Due to the war, there wasn't enough food to go around in many nations. Taking such a situation into account, it was natural that many people were hungry. In order to keep them working, the governments of some nations prepared food and delivered it directly to people. After the war ended, people came to spend their free time watching TV and cooking in their own kitchens at home. This change in people's lifestyle led to a decline in people eating at restaurants. Restaurants started home-delivery services, making it possible to get delicious meals with just a phone call.

These days, advances in communication technology have made it much more convenient to order food from home. All you need to do is press some buttons on a smartphone app. Orders are accepted through the Internet. Paying is also done online. Restaurants only have to prepare the food, and then deliverers pick it up and deliver it. The day may come when we won't need a kitchen in our homes anymore.

Your Presentation Slides

[1]

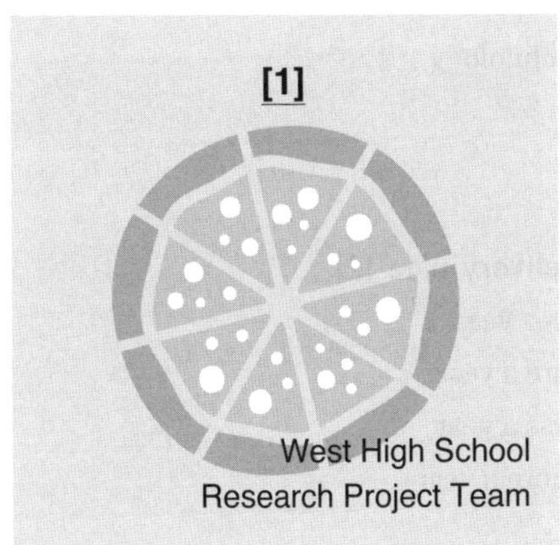

West High School
Research Project Team

Food Delivery

- Food delivery is used by **[2]**
- Developed more due to advances in technology

How Food Delivery Developed

The first delivery started
→**[3]**
→**[4]**
→**[5]**
→**[6]**

Backgrounds of the Changes

Delivery to places of work
- the British rule in India

Delivery to people
- the effects of World War II

Restaurants' delivery service
- the change in **[7]**

Advantages of Food Delivery Today

Restaurants
- can focus on cooking

Users
- can easily order meals

Both
- can **[8]**

問 1 Choose the best title for your presentation. **[1]**
① The American Restaurants that Survived
② The Best Way to Deliver Pizza
③ The Development of Communication Technology
④ The History of Food Delivery

問 2 Choose the best item for the **Food Delivery** slide. **[2]**
① few American people twelve times or less a year
② few American people twelve times or more a year
③ most American people twelve times or less a year
④ most American people twelve times or more a year

問 3 Put the four items in the order in which they happened to complete the **How Food Delivery Developed** slide. **[3]** ～ **[6]**
① Countries provided meals for their people in need for food.
② Food whose taste was familiar to people was delivered.
③ Online ordering systems made food delivery more convenient.
④ People's way of life changed, which caused restaurants to deliver food.

問 4 Choose the best item for the **Backgrounds of the Changes** slide. **[7]**
① how the number of restaurants has decreased
② what people order in restaurants
③ when people enjoy their hobbies
④ where people stay for a long time

問 5 Choose the best item for the **Advantages of Food Delivery Today** slide. **[8]**
① check accepted orders in person
② deal without cash
③ deliver prepared food by themselves
④ use their own kitchens to enjoy cooking

を使って記録してみましょう。

記 録

分　　　　秒　　　　wpm

解 答

問1	問2	問3
		→ → →

問4	問5	
		/5 正解

★★ LESSON 9

解答・解説編 87 ページ ｜ ワード数 242 words ｜ 目標解答時間 15 分

You are learning about robots in your science class. You are going to read the following passage to learn more about modern robots.

INTERPERSONAL ROBOTS

Today, Japan's robotics industry is growing larger and larger. If you look around the city, you may see robots serving customers. While the development of machines on factory production lines has certainly helped companies, "interpersonal robots" represent a new technology that we should pay attention to.

Robots had the great disadvantage of being able to communicate only one way and they couldn't carry on a conversation. But now "robots that can read between the lines" have arrived! How in the world can robots communicate well with humans?

To begin with, we humans usually read between the lines by watching the other person's hand movements, face, and eyes. This latest robot can do almost the same thing. The researcher who made it created Deep Learning, a system which can read the movements of the other person's eyes, their voice when they laugh, and the up-and-down movement of the head when they want to agree. Using this system, he was able to create a robot that automatically understands the level of interest of the other person in a conversation and continues the conversation. State-of-the-art science and technology has solved the problem of reading human feelings, which has been a weak point for robots until now.

It is hoped that this amazing technology will be applied to the field of nursing. Perhaps, in the near future, robots that "talk like humans" will be as common as the ones we see in TV cartoons.

問 1 Robots in the past (　　　).

① couldn't read information from humans well

② developed by using Deep Learning

③ were able to communicate smoothly with humans

④ were used only as machines in factories

問 2 Which is **NOT** said about what Deep Learning can catch in the passage?

① Eye movements when the other person speaks.

② Head movements when the other person agrees.

③ Movements of the other person when reading.

④ Sound the other person makes when laughing.

問 3 According to the passage, we humans (　　　).

① aren't as good at reading emotions as robots are

② have a goal of creating new robots for factories

③ look at the other person's eyes to understand her or his feelings

④ prefer to talk about topics that interest us

問 4 What can we expect from robots in years to come? (Choose two options. The order does not matter.)

① Few robots are likely to be able to serve people in different situations.

② It will be more common for robots and humans to talk to each other.

③ Robots that can look after people who provide care will be created.

④ Robots will continue to have the weakness of not being able to understand human feelings.

⑤ Some robots that are useful for nursing care will appear.

TIME-PRACTICE を使って記録してみましょう。

記 録

分　　秒　　wpm

解 答

問1	問2	問3	問4	
				/4 正解

★★★ LESSON 10

解答・解説編 98 ページ | ワード数 292 words | 目標解答時間 13 分

A high school student, Susan, found the following website about some volunteer work and she sent an e-mail to the group.

https://www.greenvilleassociation.com

Volunteers Wanted!

Greenville Association has been supporting our town Greenville since 1970. We make every effort to make it a great place to live. Greenville, with its long history and special culture, is not only a popular tourist spot, but it is also often used as a place to shoot TV shows. But to make our town even more attractive, we need ideas from young people. Now, we'd like to invite young people to a meeting to plan what we should do for the future of Greenville.

Meeting Details

- every Friday from 5:00 p.m. to 6:30 p.m.
- for three months from July to September

Volunteers Must

- be 15-18 years old, high school students
- be from a high school in the town (you don't need to live in the town)
- get permission from their parents

Ideal Students Will Have

- positive attitudes towards other people's opinions
- a deep understanding of the town's history
- some specific talents (such as design skills)

How to Apply

Please click ***here*** and fill in your information with your thoughts about the future of our town. If you have any questions, please send us an e-mail (**gogogreenville@rrt.com**) or call us at **55-7742-2234**.

From: Susan.D@catmail.com

To: gogogreenville@rrt.com

Date: May 11th

Subject: Inquiry

I read your website about the information for the high school volunteers. I became interested in taking part in it because I love Greenville. I can appreciate the opinions of others and have a natural talent for designing things. I don't live in Greenville, but I do go to South River High School (next to the Greenville town hall). However, I cannot join one meeting a month because of my club activity. I would appreciate it if you could let me know whether I can join. I'm looking forward to hearing from you.

Best regards,
Susan Donahue

問 1 The purpose of this website is to let high school students (　　　).

① hear a lecture on the history and culture of the town
② help people in need in the town to have a better life
③ hold a meeting at their school to plan the town's event
④ know about an opportunity to discuss the town's future

問 2 What is true about the town?

① It always holds a meeting every Friday.
② It has an increasing number of students.
③ It has appeared in TV programs before.
④ It has become less popular recently.

問 3 If a high school student wants to join the meeting, he or she must (　　).

① be allowed by their parents
② give their information by e-mail
③ have a kind of useful talent
④ have lived in the town for more than 10 years

問 4 Why did Susan send an e-mail?

① To ask them how to apply for what's on the website.
② To check if she will be able to volunteer for the town.
③ To offer a good idea that she thought of.
④ To request some changes to the meeting.

問 5 What is true about Susan?

① She covers all the points as an ideal volunteer.
② She is very good at drawing natural scenes.
③ She lives and goes to a high school in the town.
④ She will have to miss three meetings in total.

TIME-PRACTICE を使って記録してみましょう。

記録

分　　秒　　wpm

解答

問1	問2	問3	問4	問5	
					/5 正解

Where there is a will,
there is a way.

解答・解説編 109 ページ ワード数 299 words 目標解答時間 16 分

You are doing research on how to support developing countries and find the following article.

Many of us may think that innovation starts in advanced countries. However, that's not always the case. There is a new process of innovation called "reverse innovation." The traditional way of thinking is that innovation happens in developed countries with lots of money and advanced technologies, and then it spreads to developing countries. Reverse innovation goes in the opposite direction, as the name suggests.

Zipline is an American company that produces drones. Their Rwanda branch developed drones to carry medical kits from hospitals to the countryside. As the roads and cars in this poor nation were not good enough, there was a need for such a system. Learning from this success, Zipline decided to create drones to carry medicines and blood to the American countryside. This innovation would not have happened in the U.S. because of the strict rules on drones.

Another successful example is M-Pesa, a system of payment using a mobile phone. Supported by the company Vodafone, M-Pesa has made it possible for Kenyans to send their money without a bank account. The key was "being led by users": the company spent 18 months doing research on the local people's habits and the internal systems. Many young people in Kenya move to the country's central area for jobs and want to send the money they earn to their families in the countryside. However, 90% of Kenyans cannot use a bank. The fact that most people there already had their own cellphones led to the idea of sending money through their phones. This system then spread to other areas in Africa and also Europe.

Vijay Govindarajan, a professor at Dartmouth College who thought of the basic idea of reverse innovation, says that leaders in advanced nations should focus not on "value for money" but on "value for many."

問 1 Reverse innovation (　　　).

① is good for mothers in developed countries
② is strongly connected to the traditional way of thinking
③ requires all countries to follow the same ideas
④ starts in developing countries rather than developed ones

問 2 Which is suggested about Zipline?

① Less strict rules on drones in Rwanda led to Zipline's success.
② The American road system was important for Zipline to fly drones.
③ Zipline created a new mobile phone for people in Rwanda.
④ Zipline makes machine parts to produce drones in America.

問 3 What is a result of the innovation made by M-Pesa?

① Kenyan people can get help on how to use their money.
② Kenyan people can send their money to others by using a cellphone.
③ People in Europe can earn more money as a bank clerk than they could before.
④ People in Europe can use a mobile phone to pay through a bank account.

問 4 What does "being led by users" mean?

① Exchanging not only money but also ideas with developing countries.
② Following people who are likely to earn a great deal of money.
③ Spending enough time looking for data needed to make innovations.
④ Understanding people living in a certain country and their life.

問 5 Professor Govindarajan thinks the most important thing is that leaders should (　　　).

① find an easier way to start the process of reverse innovation
② pursue things that will help many people in a country
③ see the value of poor countries as being better than that of developed countries
④ think more deeply about how they can increase their sales

5 正解

TIME-PRACTICE を使って記録してみましょう。

記録

分　秒　wpm

解答

問1	問2	問3	問4	問5	
					/5 正解

Enjoy English!
Enjoy your life!

解答・解説編 121ページ ワード数 290 words 目標解答時間 16分

For a presentation to your class, you are researching the trend of young people spending time away from television. You are going to read the following article about that on the web.

Recently, there's been a lot of talk in the news about young people's lack of interest in television. So, what do young people who no longer watch TV spend their time doing? And what makes them stay away from the television in the first place? To find out, we carried out surveys at several high schools in Lilac City. The following two graphs show the results.

Graph 1 shows that a tenth of the students enjoy playing video games, which was much lower than I had expected. In fact, it shows many young people are using social media in their free time. For example, they exchange messages with their friends and look at pictures and messages posted there. But many more students watch different kinds of videos on the Internet. The contents range from comedy to music, sports, and games. In addition, there are even students who use the videos to study.

So why do they choose other media over TV in their free time? This is shown in Graph 2. The first reason is they want to enjoy only what they like. The second reason is they want to watch things at any time they like. Perhaps they are so busy with their lives that it's difficult to take time out (at least 30 minutes to an hour) to watch TV. With social media, they only see what they like, and within 15 minutes there will be a new post. Also, most of the videos on the Internet are shorter than TV programs, and they can easily find out what it is about by looking at the title, and they can even fast-forward to the part they want to see the most. It is like a buffet of entertainment!

Graph 1 "What do you do for entertainment in your free time?"

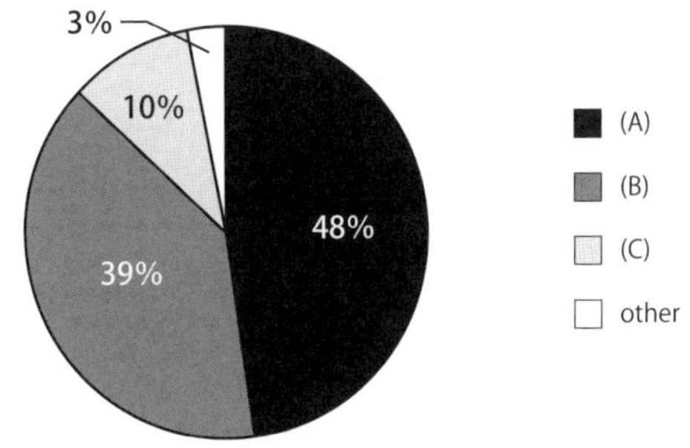

Graph 2 "What is the reason you select media other than TV?"

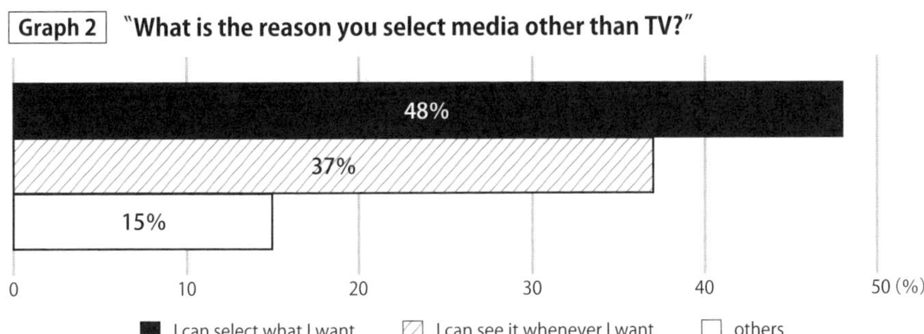

問 1 Choose the correct combination of (A) to (C) in the Graph 1 to match the text.

	(A)	(B)	(C)
①	(A) videos on the Internet	(B) video games	(C) social media
②	(A) social media	(B) videos on the Internet	(C) video games
③	(A) videos on the Internet	(B) social media	(C) video games
④	(A) social media	(B) video games	(C) videos on the Internet

問 2 What can you learn from the research findings?

① At least 10% of all of the students study with some videos on the Internet.

② The most common reason to watch videos on the Internet is students can choose when to watch them.

③ There are twice as many students who use social media as those who watch videos on the Internet.

④ Young people who choose to enjoy social media and some videos on the Internet instead of TV might be busy.

問 3 Choose one of the following that is **NOT** presented as videos that young people watch.

① Videos of a rock band's performance

② Videos of how to cook delicious dishes

③ Videos of how to play a fantasy game

④ Videos of tips for a marathon

問 4 According to the passage and the graph, TV programs (　　　).

① are convenient because students can pick what they want

② are often the same length as the videos that students like

③ have less content for comedy and music than videos

④ may not be for people who want to enjoy things on their own time

問 5 Which of the following can be learned from the text?

① Students like to view messages posted on social media but they do not post messages themselves.

② The number of young people who play games was higher than the author had thought.

③ These days, young people want to have more convenience in choosing entertainment.

④ The time students spend watching TV is between 30 minutes and one hour every day.

TIME-PRACTICE を使って記録してみましょう。

記 録

分　　　秒　　　wpm

解 答

問1	問2	問3	問4	問5	
					/5 正解

The more you do,
the more you can do!

★★★
LESSON
13

You are planning your trip by looking at the following online travel guide and a review.

Green City

the best place for a short trip with its culture, scenery and food

1. Culture

Green Lake Museum

This museum shows the life of the painter John Carl. The nationally loved anime "Carl!!" describes his childhood. Watch an episode you cannot watch anywhere else.

- 10 dollars
- Open 9:00 a.m. – 4:30 p.m.
- Closed on Tuesdays

2. Nature

The aquarium

This aquarium has many kinds of tropical fish. You can see unusual fish you cannot find anywhere else!

- 10 dollars (30% off for a group of 3 or more)
- Open 9:30 a.m. – 5:00 p.m.
- Closed on Mondays and Thursdays

The ropeway

1,010 meters high. Enjoy the view both during the daytime and after dark!

- 15 dollars
- Open 10:00 a.m. – 10:15 p.m. (last ride: 9:20 p.m.)
- Closed on Wednesdays

3. Food (the downtown area)

- Marina Seafood (6:00 p.m. – 10:00 p.m.)

Bus A

- leaves the station every hour from 9:15 a.m. to 5:15 p.m., every 90 minutes from 6:15 p.m. to 9:15 p.m.

Bus B

- leaves the station every hour from 8:30 a.m. to 5:30 p.m., every two hours from 7:00 p.m. to 11:00 p.m.

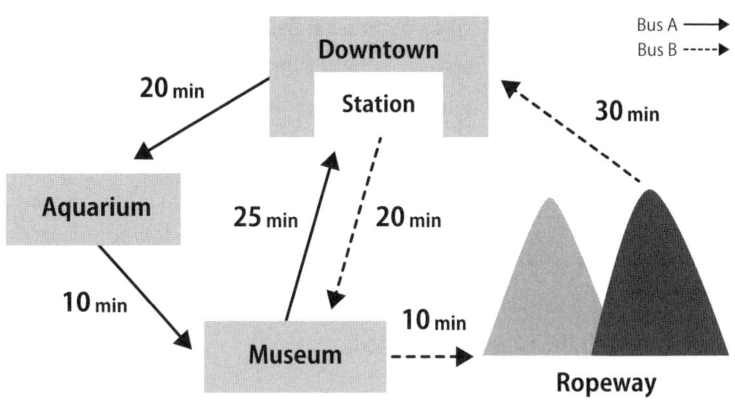

Review

Kathy

Rating: ★★★★☆

After checking in at my hotel downtown, I enjoyed seafood at a place near the station. Then I went to the ropeway. It was so fun that I went there twice during my stay, though I prefer the view during the daytime. The next day, I started from the aquarium, and thought about going to the museum next. But knowing that the weather might change, I went to the ropeway before there. At the museum, I should have brought my student card because they offered 20% off for students. I was a little disappointed, but it was nice seeing the artwork.

問 1 What is one <u>**fact**</u> (not an opinion) about the passage?

① The museum is closed on Saturdays throughout the year.

② The price that the museum offers for students is too high.

③ This city is popular with people who want to have fun on a short trip.

④ You can see an anime episode not shown on TV at the museum.

問 2 What is one <u>**opinion**</u> (not a fact) about the passage?

① The aquarium has the most kinds of unusual fish in the world.

② The daytime view from the ropeway is better than the view at night.

③ The price for the museum should be lower for students.

④ The reviewer did not have her student card on that day.

問 3 If a high school student with a student card comes to this city with his or her parents, this family has to pay (　　　) dollars for the museum, the aquarium, with the ropeway included.

① 94

② 96

③ 103

④ 105

問 4 Which is most likely the bus that the Kathy took first?

① Bus A, which leaves the station at 5:15 p.m.

② Bus A, which leaves the station at 9:15 p.m.

③ Bus B, which leaves the station at 7:00 p.m.

④ Bus B, which leaves the station at 9:00 p.m.

問 5 Put the following spots in the order in which Kathy traveled in the city (You can use the choices more than once).

① aquarium
② museum
③ ropeway
④ seafood restaurant

TIME-PRACTICE を使って記録してみましょう。

記 録

分　秒　wpm

解 答

問 1	問 2	問 3	問 4

問 5	
→ → → →	/5 正解

★★★ LESSON 14

解答・解説編 146 ページ ｜ ワード数 300 words ｜ 目標解答時間 16 分

You are working on a class project about roles performed by dogs and found the following article. You are reading it and making a poster to present your findings to your classmates.

Dogs Can Be More Than A Human's Best Friend

Dogs have been called a human's best friend. They are cute and kind. However, many studies suggest that they are more than our best friends; they can help us live a healthier life.

Dogs are known for their strong sense of smell. Their ability to smell is said to be 10,000 to 100,000 times better than that of a human. Although you might have heard about dogs working at the airport to find drugs, they can do much more than that; their sense of smell is strong enough to smell diseases. It is thought that when people get diseases such as cancer, the smell of their sweat, breath, and blood changes a little. Dogs can be trained to "feel" them. According to one study, they can pick up blood samples of people with cancer correctly around 95 percent of the time. Dogs also have an ability to smell fear and stress when people are feeling them. This is probably because when we have fear or stress, we tend to sweat more. The ability to notice such feelings can be used to prevent panic attacks. Not only can dogs smell several things but they can notice small changes in people's behavior. They can quickly "feel" changes in their environments, including human behavior. Therefore, if they are trained, they can pick up human actions that can lead to heart attacks and high blood pressure.

Although dogs seem to be perfect for helping sick people, it may take some time before they are introduced to many hospitals. Training them can be expensive and take lots of time because they need to be given many samples to learn the smell they must discover. Another reason is how correctly they can find diseases changes depending on their conditions. Yet, scientists believe dogs have great medical potential.

(1)

Dogs

Characteristics

- Kind and cute
- Human's best partner

Physical Features

- Have (2)
- Sense a little change in people's behavior

What Trained Dogs Can Do

- (3) by smelling sweat, breath and blood
- Prevent panic attacks
- Sense behaviors connected to heart attacks and high blood pressure

Problems that Prevent Practical Use

- It takes time and money to train dogs
- Dogs (4)

Summary

Dogs can help people with their mental as well as their physical health. Although there are still problems to solve, some scientists think dogs (5).

問 1 Choose the best title that fits in **(1)** on your poster.

① How Dogs Developed from Wolves
② Mental Support That Dogs Provide
③ Possible Medical Use of Dogs
④ Secret of Dogs' Strong Senses

問 2 Choose the best option for **(2)** on your poster.

① a good sense of hearing
② a great nose for smells
③ good eyesight
④ strong legs

問 3 Choose the best option for (**3**) on your poster.

① change their attitudes according to each person

② notice when people are suffering from illness

③ pick up samples that are hidden

④ tell if people are feeling pressure or stress

問 4 Choose the best option for (**4**) on your poster.

① are sensitive to the changes in their surroundings

② can also catch some diseases from humans

③ get tired easily so they can't smell lots of people

④ sometimes fail to notice the sign of sick people

問 5 Choose the best option for (**5**) on your poster.

① can be helpful in the medical world

② must become a more popular pet

③ need to be trained more efficiently

④ should be careful about catching diseases

を使って記録してみましょう。

記録

分　秒　wpm

解答

問1	問2	問3	問4	問5	
					/5 正解

Practice makes
perfect.

P.21 **Rome was not built in a day.**

ローマは一日にして成らず

―奥野 信太郎―

P.31 **Where there is a will, there is a way.**

意思あるところに道は拓ける

―角脇 雄大―

P.35 **Enjoy English! Enjoy your life!**

英語を楽しもう！　人生を楽しもう！

―堀越 ちさと―

P.39 **The more you do, the more you can do!**

やればやるほどできるようになる！

―高山 のぞみ―

P.47 **Practice makes perfect.**

習うより慣れろ

―武藤 一也―

桐原書店

英文速読マスター

ENGLISH SPEED READING MASTER

標 準 編

英語問題作成所

武藤 一也　東進ハイスクール・東進衛星予備校講師

奥野 信太郎　英語専門塾セプト塾長

角脇 雄大　英語専門塾セプト講師

高山 のぞみ　河合塾講師

堀越 ちさと　水戸駿優予備学校講師

COMPLETED IN 14 DAYS

桐原書店

はじめに

本書は，英文を速く処理しながら正解にたどり着けるようになることを目的としています。

大学入試センター試験から大学入学共通テストに変わり，リーディングの英文の量がとても増えました。その結果，多くの生徒から「時間が足りない」という声が上がっています。限られた時間の中で正解を導き出すには，正しいプロセスで英文を処理し，問題に取り組む必要があります。ただやみくもに英文と問題を行ったり来たりしては時間のむだです。本書ではこの「正しいプロセスを身につける」ということに徹底的にこだわっています。そのため，解説では「解答を導き出すための正しい思考回路」をできる限り丁寧に説明しています。解説をしっかり読み，ぜひ正しい思考回路を身につけてください。

本書で身につけることができる「解答を導き出すための正しい思考回路」は共通テストだけでなく，私立・国公立大学の入試問題，また英語の様々な資格試験の土台となるものです。しっかりした土台がなければ，その上に壮大な建築物を築くことはできません。土台が何よりも大切です。ぜひ，本書でその土台を作ってください。

最後になりましたが，本書は英語が苦手な人にも，得意な人にも実りあるものになると思います。

この本が皆さんの英語力が飛躍するきっかけになれば幸いです。

それでは皆さん本編でお会いしましょう！

SEE YOU THEN!

2021年8月

英語問題作成所

CONTENTS

解答・解説編

Level 1 ★

180 – 230 words

Level 2 ★ ★

230 – 280 words

Level 3 ★★★

280 – 300 words

別冊　問題編

本書の構成と効果的な使用法

本書は英文をすばやく読み，正解にたどり着く訓練ができる問題集です。LESSON 1 から LESSON 14 まで全てオリジナルの英文と設問で構成されています。英文はチャット・広告・メールなど様々な形式のものを作成し，設問にはテスト作成側の視点をふんだんに盛り込みました。1 日 1 LESSON をこなすと 14 日間で速読の基礎を固めることができます。

本書の構成

英文と設問の問題編は別冊に，解答・解説編は本書に収録されています。解答・解説は，できる限り詳しく説明しています。また，視覚的にわかりやすいレイアウトにしています。解説を丁寧に読むことで，英語が得意になる思考回路を身につけることができます。

○ 英文と設問

英文と設問（問いと選択肢）は共通テストを意識した完全オリジナルです。

まずは，目標解答時間をめやすに，問題を解いてみましょう。目標時間はその英文を読むのに必要な標準的な時間です。タイムリミットがある中で集中して取り組みましょう。また学習アプリ TIME PRACTICE を使って英文の速読力を確認することもできます。問題を解くのにかかった時間を記録し，wpm（1 分間に何語読めたか）も記録します。

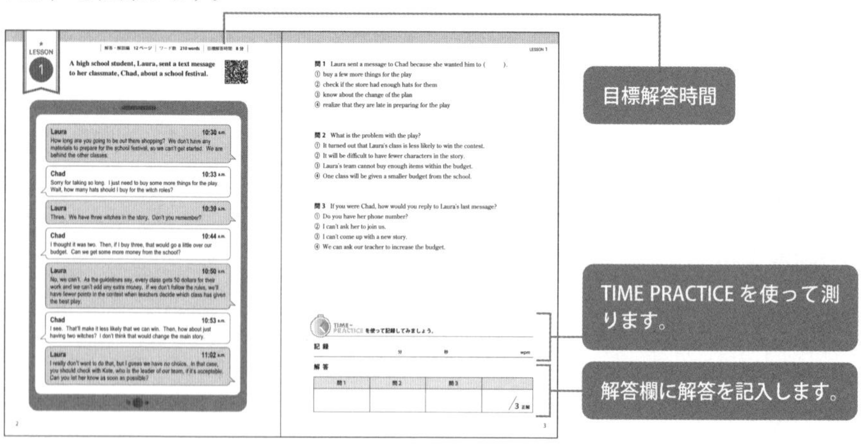
LESSON 1

解答・解説編 12ページ | ワード数 210 words | 目標解答時間 8分

A high school student, Laura, sent a text message to her classmate, Chad, about a school festival.

Laura 10:30 a.m.
How long are you going to be out there shopping? We don't have any materials to prepare for the school festival, so we can't get started. We are behind the other classes.

Chad 10:33 a.m.
Sorry for taking so long. I just need to buy some more things for the play. Wait, how many hats should I buy for the witch roles?

Laura 10:39 a.m.
Three. We have three witches in the story. Don't you remember?

Chad 10:44 a.m.
I thought it was two. Then, if I buy three, that would go a little over our budget. Can we get some more money from the school?

Laura 10:50 a.m.
No, we can't. As the guidelines say, every class gets 50 dollars for their work and we can't add any extra money. If we don't follow the rules, we'll have fewer points in the contest when teachers decide which class has given the best play.

Chad 10:53 a.m.
I see. That'll make it less likely that we can win. Then, how about just having two witches? I don't think that would change the main story.

Laura 11:02 a.m.
I really don't want to do that, but I guess we have no choice. In that case, you should check with Kate, who is the leader of our team, if it's acceptable. Can you let her know as soon as possible?

2

LESSON 1

問 1 Laura sent a message to Chad because she wanted him to (　　　).
① buy a few more things for the play
② check if the store had enough hats for them
③ know about the change of the plan
④ realize that they are late in preparing for the play

問 2 What is the problem with the play?
① It turned out that Laura's class is less likely to win the contest.
② It will be difficult to have fewer characters in the story.
③ Laura's team cannot buy enough items within the budget.
④ One class will be given a smaller budget from the school.

問 3 If you were Chad, how would you reply to Laura's last message?
① Do you have her phone number?
② I can't ask her to join us.
③ I can't come up with a new story.
④ We can ask our teacher to increase the budget.

TIME PRACTICE を使って記録してみましょう。

記録　　分　　秒　　wpm

解答

問 1	問 2	問 3	
			/3 正解

3

目標解答時間
TIME PRACTICE を使って測ります。
解答欄に解答を記入します。

目標時間内に解き終えなかった場合，そのまま解き続けて構いません。その場合は余分に何分かかったかをメモで残しておきましょう。

○ 解答・解説

解説は問題を速く・正確に解けるようになるためのプロセスを明確に説明しています。解説は以下の要素を組み合わせて構成されています。

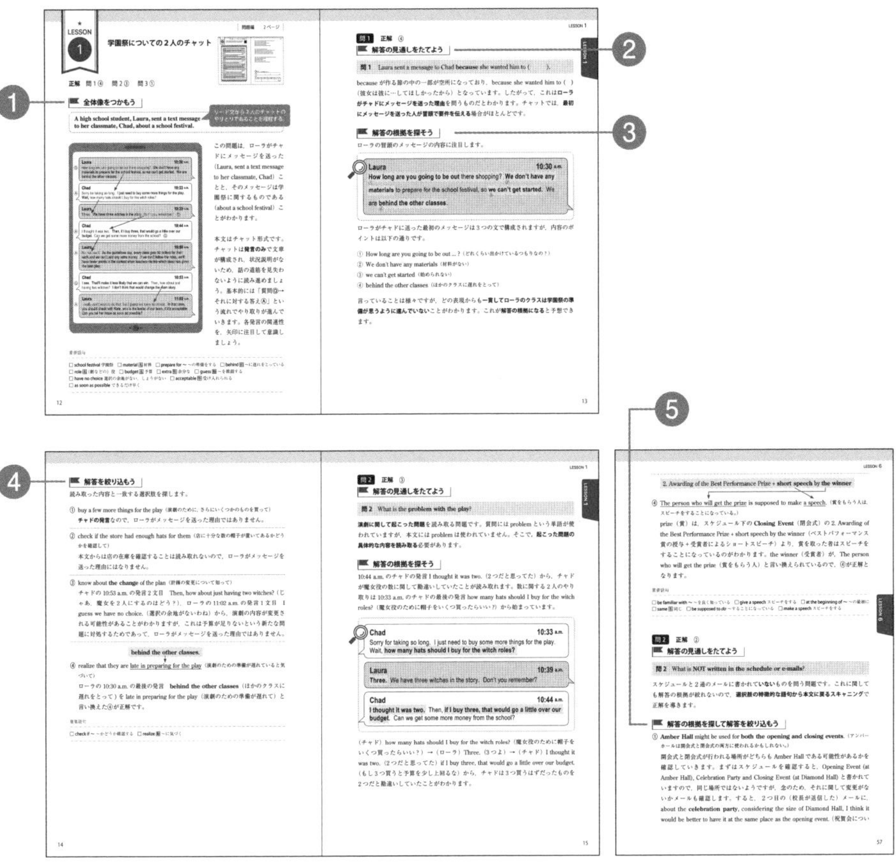

1

LESSON 1

学園祭についての２人のチャット

問題編　2ページ

正解　問１④　問２③　問３①

全体像をつかもう

A high school student, Laura, sent a text message to her classmate, Chad, about a school festival.

リード文から２人のチャットのやりとりであることを理解する。

この問題は，ローラがチャドにメッセージを送った（Laura, sent a text message to her classmate, Chad）ことと，そのメッセージは学園祭に関するものである（about a school festival）ことがわかります。

本文はチャット形式です。チャットは**発言のみ**で文章が構成され，状況説明がないため，話の道筋を見失わないように読み進めましょう。基本的には「質問Ⓠ→それに対する答えⒶ」という流れでやり取りが進んでいきます。各発言の関連性を，矢印に注目して意識しましょう。

重要語句

□ school festival 学園祭　□ material 名 材料　□ prepare for ～ ～の準備をする　□ behind 前 ～に遅れをとっている
□ role 名（劇などの）役　□ budget 名 予算　□ extra 形 余分な　□ guess 動 ～を推測する
□ have no choice 選択の余地がない，しょうがない　□ acceptable 形 受け入れられる
□ as soon as possible できるだけ早く

12

LESSON 1

問１　正解　④

解答の見通しをたてよう

問１　Laura sent a message to Chad **because** she wanted him to (　　).

because が作る節の中の一部が空所になっており，because she wanted him to (　)（彼女は彼に…してほしかったから）となっています。したがって，これは**ローラがチャドにメッセージを送った理由**を問うものだとわかります。チャットでは，**最初にメッセージを送った人が冒頭で要件を伝える**場合がほとんどです。

解答の根拠を探そう

ローラの冒頭のメッセージの内容に注目します。

Laura　10:30 a.m.
How long are you going to be out there shopping? **We don't have any materials** to prepare for the school festival, so **we can't get started**. We are **behind the other classes**.

ローラがチャドに送った最初のメッセージは３つの文で構成されますが，内容のポイントは以下の通りです。

① How long are you going to be out ... ?（どれくらい出かけているつもりなの？）
② We don't have any materials（材料がない）
③ we can't get started（始められない）
④ behind the other classes（ほかのクラスに遅れをとって）

言っていることは様々ですが，どの表現からも**一貫してローラのクラスは学園祭の準備が思うように進んでいない**ことがわかります。これが**解答の根拠になる**と予想できます。

13

4

解答を絞り込もう

読み取った内容と一致する選択肢を探します。

① buy a few more things for the play（演劇のために，さらにいくつかのものを買って）
チャドの発言なので，ローラがメッセージを送った理由ではありません。

② check if the store had enough hats for them（店に十分な数の帽子が置いてあるかどうかを確認して）
本文からは店の在庫を確認することは読み取れないので，ローラがメッセージを送った理由にはなりません。

③ know about **the change** of the plan（計画の変更について知って）
チャドの 10:53 a.m. の発言２文目　Then, how about just having two witches?（じゃあ，魔女を２人にするのはどう？），ローラの 11:02 a.m. の発言１文目　I guess we have no choice.（選択の余地がないわね）から，演劇の内容が変更される可能性があることがわかりますが，これは予算が足りないという新たな問題に対処するためであって，ローラがメッセージを送った理由ではありません。

behind the other classes.

④ realize that they are late in preparing for the play（演劇のための準備が遅れていると気づいて）
ローラの 10:30 a.m. の最後の発言　**behind the other classes**（ほかのクラスに遅れをとって）を late in preparing for the play（演劇のための準備が遅れて）と言い換えた④が正解です。

重要語句

□ check if ～ ～かどうか確認する　□ realize 動 ～に気づく

14

LESSON 1

問２　正解　③

解答の見通しをたてよう

問２　What is the **problem with the play**?

演劇に関して起こった問題を読み取る問題です。質問には problem という単語が使われていますが，本文には problem は使われていません。そこで，**起こった問題の具体的な内容を読み取る**必要があります。

解答の根拠を探そう

10:44 a.m. のチャドの発言 I thought it was two.（２つだと思ってた）から，チャドが魔女役の数に関して勘違いしていたことが読み取れます。数に関する２人のやり取りは 10:33 a.m. のチャドの最後の発言 how many hats should I buy for the witch roles?（魔女役のために帽子をいくつ買ったらいい？）から始まっています。

Chad　10:33 a.m.
Sorry for taking so long. I just need to buy some more things for the play. Wait, **how many hats should I buy for the witch roles?**

Laura　10:39 a.m.
Three. We have three witches in the story. Don't you remember?

Chad　10:44 a.m.
I thought it was two. Then, **if I buy three, that would go a little over our budget**. Can we get some more money from the school?

（チャド）how many hats should I buy for the witch roles?（魔女役のために帽子をいくつ買ったらいい？）→（ローラ）Three.（３つよ）→（チャド）I thought it was two.（２つだと思ってた）if I buy three, that would go a little over our budget.（もし３つ買うと予算を少し上回るな）から，チャドは３つ買うはずだったものを２つだと勘違いしていたことがわかります。

15

5

LESSON 6

2. Awarding of the Best Performance Prize + **short speech by the winner**

④ The person who will get the prize is supposed to make a speech.（賞をもらう人は，スピーチをすることになっている。）
prize（賞）は，スケジュール下の **Closing Event**（閉会式）の 2. Awarding of the Best Performance Prize + short speech by the winner（ベストパフォーマンス賞の授与＋受賞者によるショートスピーチ）より，賞を取った者はスピーチをすることになっているのがわかります。the winner（受賞者）が，The person who will get the prize（賞をもらう人）と言い換えられているので，④が正解となります。

重要語句

□ be familiar with ～ ～を良く知っている　□ give a speech スピーチをする　□ at the beginning of ～ ～の最初に
□ same 形 同じ　□ be supposed to *do* ～することになっている　□ make a speech スピーチをする

問２　正解　②

解答の見通しをたてよう

問２　What is **NOT written in the schedule or e-mails?**

スケジュールと２通のメールに書かれて**いない**ものを問う問題です。これに関しても解答の根拠が絞れないので，**選択肢の特徴的な語句から本文に戻るスキャニング**で正解を導きます。

解答の根拠を探して解答を絞り込もう

① **Amber Hall** might be used for **both the opening and closing events.**（アンバーホールは開会式と閉会式の両方に使われるかもしれない。）
開会式と閉会式が行われる場所がどちらも Amber Hall である可能性があるかを確認していきます。まずはスケジュールを確認すると，Opening Event (at Amber Hall), Celebration Party and Closing Event (at Diamond Hall) と書かれていますので，同じ場所ではないようですが，念のため，それに関して変更がないかメールも確認します。すると，２つ目の（校長が送信した）メールに，about the **celebration party**, considering the size of Diamond Hall, I think it would be better to have it at the same place as the opening event.（祝賀会につい

57

❶ 全体像をつかもう

英文のリード文，見出し，小見出しや英文の形式から，英文の特徴と全体像つかみます。英文の全体像をつかむことで，問いに答える際に必要な情報をすばやく見つけることができます。

❷ 解答の見通しをたてよう

問いを分析し，答えを出すためにはどのような情報が必要かを確認します。問いによってはこの段階で答えを出すための見通しがはっきりします。

❸ 解答の根拠を探そう

❶，❷を踏まえて，正解を選ぶための根拠を本文中から探します。解答の根拠を正しく見つけることが正解にたどり着く鍵です。

❹ 解答を絞り込もう

❸で得た解答の根拠と選択肢を見比べ，英文の本文と正解の選択肢の言い換えを見抜きます。選択肢は本文の表現と同じではなく，言い換えられていることがほとんどです。言い換えがわかりやすいように図解を交えながら説明しています。

❺ 解答の根拠を探して解答を絞り込もう

問いの中には，問いの情報だけでは解答の根拠となるヒントが得られないものもあります。その場合は，選択肢の特徴的な語句から本文に戻る「スキャニング」という技術を用いて，選択肢を１つ１つ検証しながら正解を導きます。

効果的な使用法

本書は英文を速く，正確に読めるようになるためのトレーニング本です。問題を解く際は，「全体像の把握」「解答の根拠の抽出」「言い換えの確認」を必ず行いましょう。その上でさらに効果的に本書を使うために下記のことを意識してください。

● 初めて解く際は目標解答時間を意識！

目標時間内に読み終えることを目標に解きましょう。目標時間内に解き終えなかった場合は，そのまま解き続けて構いませんが，余分に何分かかったかをメモで残しておきましょう。最後に，問題を解くのにかかった時間を学習アプリ TIME PRACTICE で記録しましょう。

● 間違えた問題の再確認！

大切なのは，英文の正しい読み方と，正解を導き出すプロセスを身につけることです。そのため，間違えた問題は，数日～１週間程度時間を空けて，再度解きなおしましょう。その際は，解説編で学んだ「解答のプロセス」を意識しながら，１つ１つ確認するように解きましょう。

● 音声の利用

本書に収録されている英文には音声がついています。間違い直しも終わり，本文の内容理解が完璧になったら音を聞き，英語の正しい発音をインプットしてください。そうすることで，リスニング対策にもなります。

アプリについて

● **TIME-PRACTICE タイムプラクティス**

https://www.kirihara.co.jp/-/special/time-practice/

「時間を意識した学習」で差をつける，学習に役立つ無料タイマーアプリです。

共通テスト・検定試験対策には，「時間」を意識して問題を解く練習が必要不可欠です。この TIME-PRACTICE は，問題を解くタイマーとしてご利用いただけるだけでなく，wpm (words per minute) を計算することができます。

また，学習記録が蓄積され，グラフで示されますので，学習時間管理にもご利用いただけます。

音声について

本書には問題編の英文の音声をご用意しています。次の方法で，音声を聞くことができます。

● **LISTENING PRACTICE リスニングプラクティス**

https://www.kirihara.co.jp/-/special/ListeningPractice/

スマートフォンで直接ダウンロードして音声を聴くことができる無料アプリです。ダウンロードが終われば，オフラインで利用できますので，スマートフォン1台でいつでもどこでもリスニング学習が可能になります。

● **音声ストリーミング**

https://www.kirihara.co.jp/download/

ストリーミング（外部サイト）で音声を聞くことができます。ストリーミングをご利用の際には，ご利用の端末がインターネットに接続されている必要があります。

● QRコード

問題編のQRコードをかざして，スマートフォンより音声を聴くことができます。

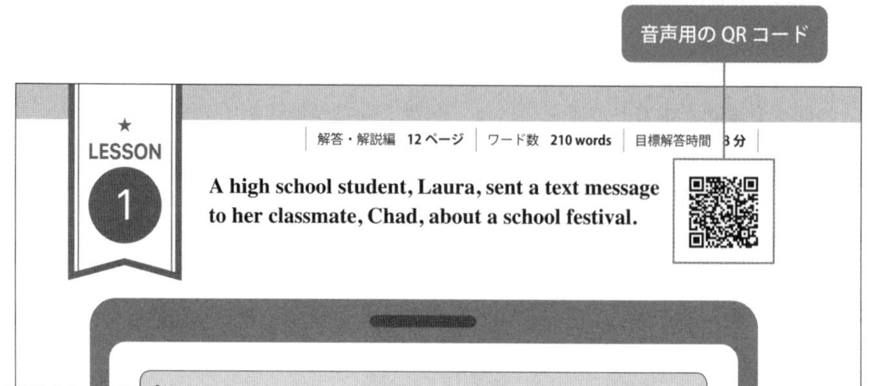

音声用のQRコード
★
LESSON
1
解答・解説編 12ページ
ワード数 210 words
目標解答時間 8分
A high school student, Laura, sent a text message to her classmate, Chad, about a school festival.

Level 1

180 – 230 words

問題編　2ページ

学園祭についての２人のチャット

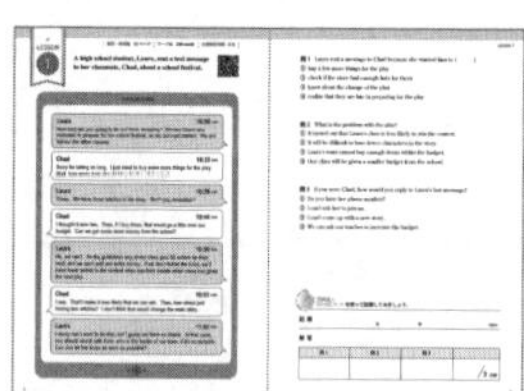

正解　問１④　問２③　問３①

全体像をつかもう

A high school student, Laura, sent a text message to her classmate, Chad, about a school festival.

リード文から２人のチャットのやりとりであることを理解する。

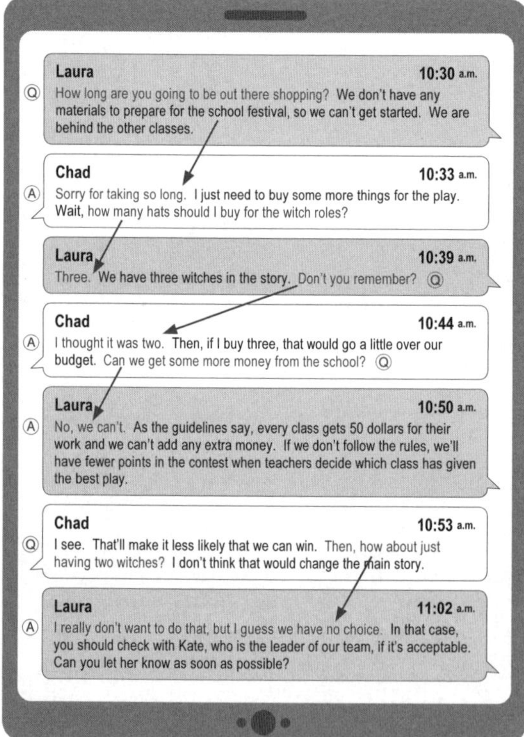

この問題は，ローラがチャドにメッセージを送った（Laura, sent a text message to her classmate, Chad）ことと，そのメッセージは学園祭に関するものである（about a school festival）ことがわかります。

本文はチャット形式です。チャットは**発言のみ**で文章が構成され，状況説明がないため，話の道筋を見失わないように読み進めましょう。基本的には「質問Ⓠ→それに対する答えⒶ」という流れでやり取りが進んでいきます。各発言の関連性を，矢印に注目して意識しましょう。

重要語句

☐ school festival 学園祭　☐ material 名 材料　☐ prepare for ～ ～の準備をする　☐ behind 前 ～に遅れをとっている
☐ role 名（劇などの）役　☐ budget 名 予算　☐ extra 形 余分な　☐ guess 動 ～を推測する
☐ have no choice 選択の余地がない，しょうがない　☐ acceptable 形 受け入れられる
☐ as soon as possible できるだけ早く

問 1　**正解**　④

解答の見通しをたてよう

問 1　Laura sent a message to Chad **because** she wanted him to (　　　).

because が作る節の中の一部が空所になっており，because she wanted him to (　)（彼女は彼に…してほしかったから）となっています。したがって，これは**ローラがチャドにメッセージを送った理由**を問うものだとわかります。チャットでは，**最初にメッセージを送った人が冒頭で要件を伝える**場合がほとんどです。

解答の根拠を探そう

ローラの冒頭のメッセージの内容に注目します。

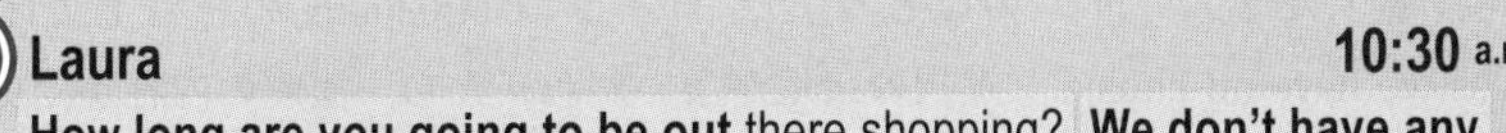

Laura　**10:30** a.m.

How long are you going to be out① there shopping? **We don't have any**② **materials** to prepare for the school festival, so **we can't get started**③. We are **behind the other classes**④.

ローラがチャドに送った最初のメッセージは３つの文で構成されますが，内容のポイントは以下の通りです。

① How long are you going to be out ... ?（どれくらい出かけているつもりなの？）
② We don't have any materials（材料がない）
③ we can't get started（始められない）
④ behind the other classes（ほかのクラスに遅れをとって）

言っていることは様々ですが，どの表現からも**一貫してローラのクラスは学園祭の準備が思うように進んでいない**ことがわかります。これが**解答の根拠になる**と予想できます。

解答を絞り込もう

読み取った内容と一致する選択肢を探します。

① buy a few more things for the play（演劇のために，さらにいくつかのものを買って）

チャドの発言なので，ローラがメッセージを送った理由ではありません。

② check if the store had enough hats for them（店に十分な数の帽子が置いてあるかどうかを確認して）

本文からは店の在庫を確認することは読み取れないので，ローラがメッセージを送った理由にはなりません。

③ know about **the change** of the plan（計画の変更について知って）

チャドの 10:53 a.m. の発言 2 文目　Then, how about just having two witches?（じゃあ，魔女を 2 人にするのはどう？），ローラの 11:02 a.m. の発言 1 文目　I guess we have no choice.（選択の余地がないわね）から，演劇の内容が変更される可能性があることがわかりますが，これは予算が足りないという新たな問題に対処するためであって，ローラがメッセージを送った理由ではありません。

behind the other classes.
↓
④ realize that they are late in preparing for the play（演劇のための準備が遅れていると気づいて）

ローラの 10:30 a.m. の最後の発言　**behind the other classes**（ほかのクラスに遅れをとって）を late in preparing for the play（演劇のための準備が遅れて）と言い換えた④が正解です。

重要語句

□ check if ～ ～かどうか確認する　□ realize 動 ～に気づく

問2 **正解** ③

解答の見通しをたてよう

問2 What is the **problem with the play**?

演劇に関して起こった問題を読み取る問題です。質問には problem という単語が使われていますが，本文には problem は使われていません。そこで，**起こった問題の具体的な内容を読み取る**必要があります。

解答の根拠を探そう

10:44 a.m. のチャドの発言 I thought it was two.（2 つだと思ってた）から，チャドが魔女役の数に関して勘違いしていたことが読み取れます。数に関する 2 人のやり取りは 10:33 a.m. のチャドの最後の発言 how many hats should I buy for the witch roles?（魔女役のために帽子をいくつ買ったらいい？）から始まっています。

Chad **10:33** a.m.
Sorry for taking so long. I just need to buy some more things for the play. Wait, **how many hats should I buy for the witch roles?**

Laura **10:39** a.m.
Three. We have three witches in the story. Don't you remember?

Chad **10:44** a.m.
I thought it was two. Then, **if I buy three, that would go a little over our budget**. Can we get some more money from the school?

（チャド）how many hats should I buy for the witch roles?（魔女役のために帽子をいくつ買ったらいい？）→（ローラ）Three.（3 つよ）→（チャド）I thought it was two.（2 つだと思ってた）if I buy three, that would go a little over our budget.（もし 3 つ買うと予算を少し上回るな）から，チャドは 3 つ買うはずだったものを 2 つだと勘違いしていたことがわかります。

解答を絞り込もう

読み取った内容と一致する選択肢を探します。

① It turned out that Laura's class is less likely to win the contest.（ローラのクラスはコンテストに優勝しなさそうだとわかった。）

チャドは 10:53 a.m. の発言で，how about just having two witches?（魔女を 2 人にするのはどう？）と解決策を提示し，ローラは 11:02 a.m. の発言で，最終的に we have no choice（選択の余地がない）とその提案を受け入れるが，これは優勝の可能性が特に低くなったわけではないので，①は不正解です。

② It will be difficult to have fewer characters in the story.（ストーリーの中の登場人物を少なくするのは難しい。）

①で確認した通り，チャドが魔女役を減らす提案をし，その提案が採用されるので，②は不正解です。

Chad 10:44 a.m. ... if I buy three, that would **go a little over our budget.**

③ Laura's team cannot buy enough items within the budget.

チャドの 10:44 a.m. の発言　if I buy three, that would **go a little over our budget**（もし 3 つ買うと，**予算を少し上回るな**）を，Laura's team **cannot buy enough items within the budget.**（ローラのチームは**予算内で十分なものを買えない。**）と言い換えた③が正解です。

④ One class will be given a smaller budget from the school.（あるクラスは学校からもらえる予算が少ない。）

ローラの 10:50 a.m. の発言　every class gets 50 dollars for their work（どのクラスも作業のためには 50 ドルもらえる）から，予算はどのクラスも一律なので④は不正解です。

重要語句

□ be likely to ～ ～しそうだ，～する可能性が高い　□ within 前 ～以内で

問 3　正解　①

解答の見通しをたてよう

問 3 If you were Chad, how would you reply to **Laura's last message**?

Laura's last message は，ローラの 11:02 a.m. の発言の最後 Can you let her know as soon as possible?（できるだけ早く彼女に知らせてくれる？）を指しています。これに対する**チャドの返信として適切なもの**を選択する問題です。

解答の根拠を探そう

解答の根拠を１つ探すのではなく，全体の流れを把握することが大切です。問１，問２に答えていく中で，ローラとチャドのやり取りの流れは**「予算が足りない→演劇の役を減らす」**と整理することができます。それを受けてローラの最後の発言を確認します。

Laura **11:02** a.m.
I really don't want to do that, but I guess we have no choice. In that case, you should check with Kate, who is the leader of our team, if it's acceptable. Can you let her know as soon as possible?

ローラは In that case, **you should check with Kate**（その場合，**ケイトに確認する必要がある**），Can you **let her know** as soon as possible?（できるだけ早く**彼女に知らせてくれる？**）と返信しています。演劇の役を減らすというのは，もともとチャドの提案だったので，ローラはその提案を受け入れ，**ケイトに役の変更に関して伝える**ようにチャドにお願いしています。

解答を絞り込もう

チャドは演劇の役を減らすという自分の提案が受け入れられたことをケイトに伝えるという観点から解答を絞り込みましょう。

Laura 11:02 a.m. you **let her know** as soon as possible?

① Do you have her phone number?（彼女の電話番号知っているかな？）
→ Kate

her はケイトを指していて，ケイトの電話番号を聞いて，彼女に知らせることを意味するので，①が正解です。

② I can't ask **her** to join us.（自分たちに加わるように彼女に頼めない。）
her（＝ケイト）はチームのリーダーで，すでにチャドやローラと同じチームです。したがって②は不正解です。

③ I can't come up with a new story.（新しいストーリーを思いつけない。）

ローラの発言 Can you let her know as soon as possible?（できるだけ早く彼女に知らせてくれる？）の返信としてはかみ合いません。

④ We can ask our teacher to increase the budget.（自分たちは予算を増やしてくれるように先生に頼むことができる。）

ローラの発言 Can you let her know as soon as possible?（できるだけ早く彼女に知らせてくれる？）の返信としてはかみ合いません。

重要語句

□ reply 動 返信する　□ come up with ～ ～を思いつく

問題文と設問の訳

高校生のローラは，クラスメートのチャドに学園祭についてのテキストメッセージを送りました。

ローラ **午前 10:30**

そこでの買い物にどれくらい出かけているつもりの？　学園祭の準備をするための材料がないから，始められないよ。私たちはほかのクラスに遅れをとっているのよ。

チャド **午前 10:33**

長く時間がかかっててごめん。演劇のためにもう少しだけ物を買う必要があるんだよ。待って，魔女役のために帽子をいくつ買ったらいい？

ローラ **午前 10:39**

3つよ。ストーリーの中には3人の魔女がいるのよ。覚えてないの？

チャド **午前 10:44**

2つだと思ってた。もし3つ買うと予算を少し上回るな。学校からもうちょっとお金をもらえる？

ローラ **午前 10:50**

いいえ，もらえないわ。ガイドラインにあるように，どのクラスも作業のためには50ドルがもらえて，それ以上のお金を追加することはできないのよ。規則に従わない場合は，先生方がどのクラスが一番素晴らしい演劇をしたかを決めるときにコンテストでもらえるポイントが少なくなるのよ。

チャド **午前 10:53**

なるほど。そうなると僕たちが優勝できる可能性が低くなるな。じゃあ，魔女を2人にするのはどう？　話の本筋が変わるとは思えないんだけど。

ローラ **午前 11:02**

本当はそうしたくないけど，選択の余地がないわね。その場合，それが受け入れられるかどうか，チームのリーダーであるケイトに確認する必要があるわね。できるだけ早く彼女に知らせてくれる？

問 1　ローラはチャドに（　　　）ほしいと思ったのでメッセージを送った。

① 演劇のために，さらにいくつかのものを買って
② 店に十分な数の帽子が置いてあるかどうかを確認して
③ 計画の変更について知って
④ 演劇のための準備が遅れていると気づいて

問 2　演劇に関する問題は何か。

① ローラのクラスはコンテストに優勝しなさそうだとわかった。
② ストーリーの中の登場人物を少なくするのは難しい。
③ ローラのチームは予算内で十分なものを買えない。
④ あるクラスは学校からもらえる予算が少ない。

問 3　もしあなたがチャドなら，ローラの最後のメッセージにどのように返信するか。

① 彼女の電話番号を知っているかな？
② 自分たちに加わるように彼女に頼めない。
③ 新しいストーリーを思いつけない。
④ 自分たちは予算を増やしてくれるように先生に頼むことができる。

★
LESSON
2

公園のステージに関するウェブサイト

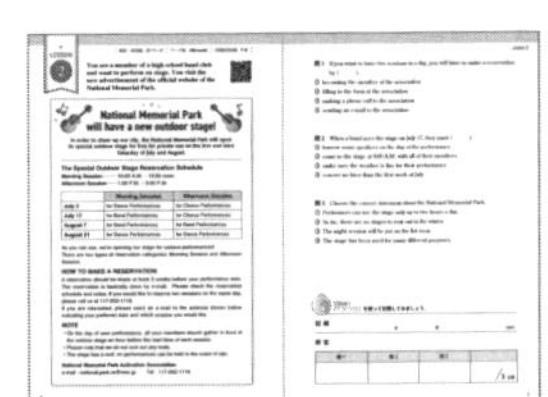

正解　問1 ③　問2 ②　問3 ②

全体像をつかもう

リード文から，場面設定を理解する。あなたは高校の軽音楽部に所属している。ステージで演奏したいと考えている。

You are a member of a high school band club and want to perform on stage. You visit the new advertisement of the official website of the National Memorial Park.

National Memorial Park
will have a new outdoor stage!

In order to cheer up our city, the National Memorial Park will open its special outdoor stage for free for private use on the first and third Saturday of July and August.

The Special Outdoor Stage Reservation Schedule

Morning Session ……… 10:00 A.M. – 12:00 noon
Afternoon Session …… 1:00 P.M. – 3:00 P.M.

	Morning Session	Afternoon Session
July 3	for Dance Performances	for Chorus Performances
July 17	for Band Performances	for Chorus Performances
August 7	for Band Performances	for Band Performances
August 21	for Dance Performances	for Dance Performances

As you can see, we're opening our stage for various performances!
There are two types of reservation categories: Morning Session and Afternoon Session.

HOW TO MAKE A RESERVATION

A reservation should be made at least 3 weeks before your performance date. The reservation is basically done by e-mail. Please check the reservation schedule and notes. If you would like to reserve two sessions on the same day, please call us at 117-202-1116.
If you are interested, please send an e-mail to the address shown below indicating your preferred date and which session you would like.

NOTE

- On the day of your performance, all your members should gather in front of the outdoor stage an hour before the start time of each session.
- Please note that we do not rent out any tools.
- The stage has a roof, so performances can be held in the event of rain.

National Memorial Park Activation Association
e-mail : national.park.ra@nmc.jp　　Tel : 117-202-1116

この問題は，公園のステージに関するウェブサイトの問題とわかります。
さらに表に目を向けると，スケジュールが表になっているのがわかります。表は本文の中心的な内容であることが多く，先に概要を理解できると本文が読みやすくなります。

午前と午後のセッションがある。

予約の方法

注意書き

重要語句

□ outdoor 形 野外の　□ in order to *do* ～するために　□ cheer up ～ ～を元気づける，～を活性化する
□ for free 無料で　□ private 形 個人の，民間の　□ session 名 セッション，部　□ performance 名 公演，演奏
□ various 形 様々な　□ category 名 種類，カテゴリー　□ make a reservation 予約する　□ at least 少なくとも
□ basically 副 基本的に　□ note 名 注意事項　□ reserve 動 ～を予約する　□ below 副 下に
□ indicate 動 ～ということを示す　□ preferred 形 望ましい，好ましい　□ note 動 ～に気をつける
□ rent out ～を賃貸する　□ roof 名 屋根　□ in the event of ～ ～の場合は　□ association 名 協会

問1 **正解** ③

解答の見通しをたてよう

問1 If you want to have **two sessions in a day**, you will have to **make a reservation** by (　　　).

1日に2つのセッションをしたい場合，**どのような予約をしなければならないのか**という問題です。**have two sessions**（2つのセッションをする）と，**make a reservation**（予約する）の表現から，本文の内容を見ていきます。

解答の根拠を探そう

問いは予約に関することなので，ウェブサイトの**HOW TO MAKE A RESERVATION**（ご予約の方法）の項目に注目します。

If you would like to reserve two sessions on the same day, please call us at 117-202-1116.

have two sessions in a day（1日に2つのセッションをする）とあるので，同じ日に2セッションを予約したいとわかります。同じ日に2つのセッションを予約する方法は，If you would like **to reserve two sessions on the same day**, please **call us**（同日に2セッションのご予約をご希望の場合は，私どもにお電話ください）とあります。ここで言う「私ども」とは，ウェブサイトの一番下にある National Memorial Park Activation Association（国立記念公園活性化協会）のことです。したがって，1日に2つのセッションをしたいならは，協会への電話が必要であるとわかります。

解答を絞り込もう

読み取った内容と一致する選択肢を探します。

① becoming the member of the association（協会の会員になること）
予約するために協会の会員になる必要があるとは述べられていません。

② filling in the form at the association（協会で用紙に記入すること）
用紙に記入する必要があるとは述べられていません。

③ making a phone call to the association（協会に電話をかけること）
解答の根拠と同じ内容ですので③が正解となります。

④ sending an e-mail to the association（協会にメールを送ること）
メールでの予約は1セッションまでで，2セッションの予約は電話でとあるため④は不正解です。

問2 **正解** ②

解答の見通しをたてよう

問2 When **a band uses** the stage **on July 17**, they must (　　　).

バンドグループが**7月17日にステージを使いたい場合に，しなくてはならないこと**を尋ねる問題です。表のJuly 17（7月17日）のBand Performances（バンド演奏）に注目します。表からはスケジュールしかわからないので，表の下に書かれている追加情報に注目します。

解答の根拠を探そう

Morning Session ········ 10:00 A.M. – 12:00 noon
Afternoon Session ······ 1:00 P.M. – 3:00 P.M.

	Morning Session	Afternoon Session
July 3	for Dance Performances	for Chorus Performances
July 17	for Band Performances	for Chorus Performances
August 7	for Band Performances	for Band Performances
August 21	for Dance Performances	for Dance Performances

July 17（7月17日）のBand Performances（バンド演奏）の欄を見ると，Morning Session（午前の部）に設定されていることがわかります。さらに，開始時間を見るとMorning Session（午前の部）は10:00 A.M.（午前10時）に始まることがわかります。

NOTE
- On the day of your performance, all your members should gather in front of the outdoor stage an hour before the start time of each session.

「公演の当日は，各部の開始時間の1時間前に，メンバー全員が野外ステージ前に集合してください。」と書かれているので，開始時刻（午前10時）の1時間前である**午前9時にメンバー全員で集まる必要がある**とわかります。

解答を絞り込もう

読み取った内容と一致する選択肢を探します。

① borrow some speakers on the day of the performance（公演の当日，スピーカーを借りる）

NOTE の2項目目に，Please note that we do not rent out any tools.（機材を貸し出してはおりませんのでお気をつけください。）とあるので，speakers（スピーカー）の貸し出しもできないことがわかります。

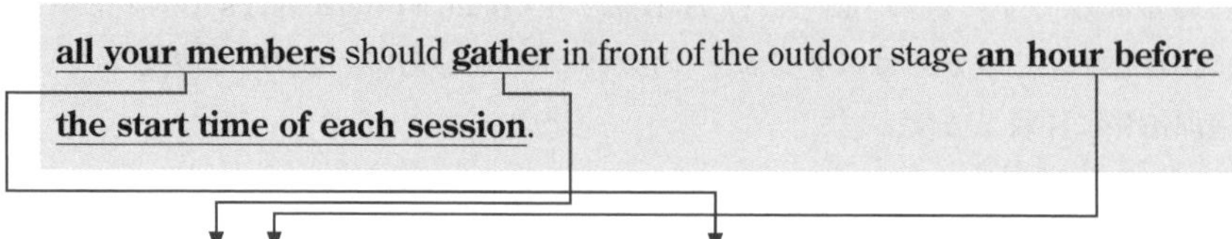
all your members should **gather** in front of the outdoor stage **an hour before the start time of each session**.

② come to the stage at 9:00 A.M. with all of their members（メンバー全員で午前9時にステージへ来る）

an hour before the start time of each session（各部の開始時間の1時間前）は at 9:00 A.M.（午前9時）のことなので，②が正解です。

③ make sure the weather is fine for their performance（公演のために天候が良いことを確認する）

NOTE の3項目目に，The stage has a roof, so performances can be held in the event of rain.（ステージには屋根がついていますので，雨天時にも公演が可能です。）とあるので，make sure the weather is fine（天気が良いことを確認する）という必要はありません。

④ reserve no later than the first week of July（7月の1週目までに予約する）

HOW TO MAKE A RESERVATION の1文目に，A reservation should be made at least 3 weeks before your performance date.（ご予約は公演日の少なくとも3週間前までにお願いします。）とあります。今回は，7月17日の3週間前までに予約しなければならないので，the first week of July（7月の1週目）に予約をするのでは遅いことがわかります。

重要語句

□ make sure ～ ～を確認する，確かめる　□ no later than ～ 遅くとも～

問3 **正解** ②

解答の見通しをたてよう

問3 Choose the correct statement about **the National Memorial Park.**

国立記念公園に関して適切な選択肢を選ぶ問題です。このタイプの問題は，問いの情報だけでは解答の根拠を探すことが難しいです。そこで**選択肢の語句から本文に戻るスキャニング**で正解を導きます。

解答の根拠を探して解答を絞り込もう

① Performers can use the stage **only up to two hours a day.**（演者は1日に2時間までしかステージを使用できない。）

ステージの使用時間に関しての制限は直接的には本文に書かれていませんが，**HOW TO MAKE A RESERVATION** に，If you would like to reserve two sessions on the same day, ...（同日に2セッションのご予約をご希望の場合は，…）と書かれています。さらに，表のスケジュールを見ると，

Morning Session ········ 10:00 A.M. – 12:00 noon
Afternoon Session ······ 1:00 P.M. – 3:00 P.M.

とあり，1セッションの時間は2時間とわかります。2セッション使用するとすれば，1日に使えるステージの時間は計4時間なので，①は不正解です。

② So far, there are no stages **to rent out in the winter.**（今のところ，冬に貸し出すステージはない。）

このウェブサイトの見出しの下に，... the National Memorial Park will open its special outdoor stage for free for private use on **the first and third Saturday of July and August.**（国立記念公園では，**7月と8月の第1，第3土曜日**に，野外特設ステージを無料で民間利用できるよう開放します。）と書かれていることから，今のところ，このステージの貸し出しは夏の期間限定とわかります。したがって②が正解です。

③ **The night session** will be put on the list soon.（夜間の部は近々リストに掲載される予定である。）

夜間の部に関して，本文で記載はありませんので③は不正解です。

④ The stage **has been used** for many different purposes.（ステージは多くの異なる目的に使われてきた。）

現在完了（have + 過去分詞）が使われている点に注目しましょう。つまり**ある過去の時点から現在までの話**をしているということになります。しかし，見出しの下に，... the National Memorial Park **will open** .... と書かれているので**ステージが使われるのはこれから**ということがわかります。よって④は不正解です。

重要語句

☐ **up to ～** ～（上限）まで　☐ **so far** 今のところ

問題文と設問の訳

あなたは高校の軽音楽部の部員であり，ステージで演奏したいと考えています。国立記念公園の公式サイトの新しい広告にアクセスしています。

国立記念公園に新しい野外ステージが誕生します！

国立記念公園では，街を活性化させるため，7月と8月の第1，第3土曜日に，野外特設ステージを無料で民間利用できるよう開放します。

野外特設ステージ予約スケジュール

午前のセッション ………… 午前 10 時－12 時 正午
午後のセッション ………… 午後 1 時－午後 3 時

	午前の部	午後の部
7月3日	ダンス公演	コーラス公演
7月17日	バンド演奏	コーラス公演
8月7日	バンド演奏	バンド演奏
8月21日	ダンス公演	ダンス公演

ご覧の通り，様々な公演のためにステージを開放します！
予約区分は，午前のセッションと午後のセッションの2種類あります。

ご予約の方法

ご予約は公演日の少なくとも3週間前までにお願いします。ご予約は基本的にメールで行います。予約スケジュールと注意事項をご確認ください。同日に2セッションのご予約をご希望の場合は，117-202-1116にお電話ください。

ご興味のある方は，ご希望の日程とどのセッションをご希望かを明記の上，下記アドレスまでメールをお送りください。

注意事項

- 公演の当日は，各部の開始時間の１時間前に，メンバー全員が野外ステージ前に集合してください。
- 機材を貸し出してはおりませんのでお気をつけください。
- ステージには屋根がついていますので，雨天時にも公演は可能です。

国立記念公園活性化協会

メール：national.park.ra@nmc.jp

電話：117-202-1116

問１　あなたが１日に２つのセッションをしたいならば，（　　）で予約する必要がある。

① 協会の会員になること
② 協会で用紙に記入すること
③ 協会に電話をかけること
④ 協会にメールを送ること

問２　７月 17 日にバンドグループがステージを使用する際は，（　　　）なくてはならない。

① 公演の当日，スピーカーを借り
② メンバー全員で午前９時にステージへ来
③ 公演のために天候が良いことを確認し
④ ７月の１週目までに予約し

問３　国立記念公園に関する記述について，正しいものを選びなさい。

① 演者は１日に２時間までしかステージを使用できない。
② 今のところ，冬に貸し出すステージはない。
③ 夜間の部は近々リストに掲載される予定である。
④ ステージは多くの異なる目的に使われてきた。

LESSON 3 クラスメートのブログ

問題編　6ページ

正解　問1 ②→③→①→④　問2 ④　問3 ①

全体像をつかもう

You found the following story in a blog written by your classmate, Ayako Ogawa.

リード文からブログの投稿だと理解する。

Meeting My Host Family Again

Sunday, May 6

I met my host family in Victoria, Canada, for the first time in three years! I joined a study-abroad program when I was a second-year junior high school student, and I stayed with them for two weeks.

I decided to visit Victoria during my summer vacation and e-mailed my host brother Benjamin. He was kind enough to make some time to show me around.

I met the family again at Victoria International Airport, and we hugged each other. The next day, they took me to the Butchart Gardens. I had been there once, but I really enjoyed seeing the beautiful flowers there. We took pictures in the park.

Then, we went to the next place. Surprisingly, it was the junior high school I had studied at! I happened to meet Mr. Lucas, my English teacher there. Actually, my host mother Olivia secretly made an appointment with him. I remembered having a great time at the school.

The family, Mr. Lucas and I had dinner at *Amore*, an Italian restaurant. We talked a lot. Benjamin told Mr. Lucas that he and I had enjoyed playing tennis all day in the schoolyard during my first stay in Canada.

Now, I love Victoria and the people there more than before. I will contact my host family and want to meet them again soon!

ブログのタイトルより，ホストファミリーと再会したことがわかる。

この問題の英文は，物語文に近いので，状況をイメージし，「いつ」・「誰が」・「何をしたのか」を中心につかんでいくことが大切です。
文中のIはこのブログの筆者であるクラスメートのオガワアヤコさんです。文のほとんどが起こったことを中心に語られているので，基本的に時制は過去形で書かれています。

最後の段落ではこれからのことが will を使って書かれている。

重要語句

- □ **host family** ホストファミリー　□ **for the first time in ～** ～ぶりに　□ **study-abroad** 形 留学の
- □ **stay with ～** ～（のところ）に滞在する　□ **e-mail** 動 ～にメールする　□ **show ～ around** ～を案内する
- □ **hug** 動 ～を抱きしめる　□ **take a picture** 写真を撮る　□ **surprisingly** 副 驚いたことに
- □ **happen to *do*** たまたま～する，偶然～する　□ **actually** 副 実は　□ **appointment** 名（面会の）約束，予約
- □ **remember *doing*** ～したことを思い出す，～したことを覚えている　□ **schoolyard** 名 校庭
- □ **contact** 動 ～と連絡をとる，～と接触する

問 1　**正解**　②→③→①→④

解答の見通しをたてよう

問 1　Put the following events (①～④) into the order in which they happened.

出来事を起こった順に並べ替える問題です。時間に関する表現や，英文の時制に気をつけましょう。また，**出来事が起こった順が文中に登場した順ではない場合もある**ので，注意が必要です。
ここで，選択肢の出来事を見てみましょう。

① The writer and the family **took photos** in a park.（筆者と家族は公園で**写真を撮った**。）
② The writer **played tennis** with her host brother.（筆者はホストブラザーと**テニスをした**。）
③ The writer **sent a message to** her host brother.（筆者はホストブラザー**にメッセージを送った**。）
④ The writer **went back to the school** in Victoria.（筆者はビクトリアの**学校に戻った**。）

解答の根拠を探して解答を絞り込もう

ブログのタイトル Meeting My Host Family Again（ホストファミリーとの再会）や，第 1 段落 1 文目の for the first time in three years（3 年ぶりに）から筆者はカナダに 2 回以上行っていることがわかります。

本文を読み進めると，まずホストブラザーにメッセージを送る話が出てきます。
第 2 段落 1 文目 I decided to visit Victoria during my summer vacation and **e-mailed** my host brother Benjamin.（夏休みにビクトリアを訪れようと決めて，ホストブラザーのベンジャミンにメールをしました。）の e-mailed（～にメールした）が③の **sent a message to**（…にメッセージを送った）に言い換えられています。

次に第 3 段落 4 文目には We **took pictures** in the park.（私たちは公園で写真を撮りました。）と，写真を撮った話が出てきます。took pictures（写真を撮った）が①の took photos に言い換えられています。
この時点で③→①とわかります。

さらに第 4 段落 1・2 文目で学校に関する話が出てきます。
Then, we **went to** the next place. Surprisingly, it was **the junior high school I had**

studied at!（それから，次の場所に行きました。驚いたことに，そこは私が学んだ中学校でした！）

then（それから）や the next place（次の場所）の next は**時系列を表す表現**で，着目できるとどのようにつながるのか理解しやすくなります。ここでは the next place とは，筆者が学んでいた中学校を示しています。④ The writer **went back to the school** in Victoria. がこの内容を went back to the school（学校に戻った）とまとめています。

ここで③→①→④とつながります。

その後，第５段落３文目ではテニスの話が出てきます。

Benjamin told Mr. Lucas that he and I **had enjoyed playing tennis** all day in the schoolyard during my first stay in Canada.（ベンジャミンはルーカス先生に，私がカナダに初めて滞在したとき，校庭で１日中２人でテニスをして楽しんだことを話しました。）この内容は② The writer **played tennis** with her host brother. に該当しますが，時制に注意が必要です。本文では **had enjoyed**（**過去完了形**）が使われており，これは**過去形で表現されている出来事よりも前に起こった出来事**であることを示しています。また during my first stay（初めて滞在したときに）という**時を表す表現**があり，テニスをしたのは**１回目の滞在時**であるとわかります。

ここまでの順序③→①→④はすべて２回目の滞在時の出来事であり，②のみ１回目の滞在時の出来事です。よって②は③よりも前に置き，②→③→①→④が正解となります。

本文で該当する箇所は次のページの通りです。

LESSON 3

Meeting My Host Family Again

Sunday, May 6

I met my host family in Victoria, Canada, for the first time in three years! I joined a study-abroad program when I was a second-year junior high school student, and I stayed with them for two weeks.

③ I decided to visit Victoria during my summer vacation and e-mailed my host brother Benjamin. He was kind enough to make some time to show me around.

I met the family again at Victoria International Airport, and we hugged each other. The next day, they took me to the Butchart Gardens. I had been there once, but I really enjoyed seeing the beautiful flowers there. ① We took pictures in the park.

④ Then, we went to the next place. Surprisingly, it was the junior high school I had studied at! I happened to meet Mr. Lucas, my English teacher there. Actually, my host mother Olivia secretly made an appointment with him. I remembered having a great time at the school.

The family, Mr. Lucas and I had dinner at *Amore*, an Italian restaurant. We talked a lot. ② Benjamin told Mr. Lucas that he and I had enjoyed playing tennis all day in the schoolyard during my first stay in Canada.

Now, I love Victoria and the people there more than before. I will contact my host family and want to meet them again soon!

重要語句

☐ go back to ～ ～に戻る

問2 正解 ④

解答の見通しをたてよう

問2 From the story, you learn that (　　　).

本文からわかることを選ぶ問題ですが，**問いだけで解答の根拠を探すのは難しい**ので，**選択肢の語句から本文に戻るスキャニング**で正解を導きます。

解答の根拠を探して解答を絞り込もう

① the writer already **graduated from high school**（筆者はすでに高校を卒業した）

第1段落1・2文目 **for the first time in three years**（3年ぶりに），when I was a **second-year junior high school** student（私は中学2年生のときに）から，筆者はまだ高校生であることがわかるので，①は不正解です。

② the writer **didn't go to the Butchart Gardens last time**（筆者は前回，ブッチャート・ガーデンに行かなかった）

第3段落3文目 I **had been** there once（そこ（＝ブッチャート・ガーデン）に一度行ったことがあった）から，**last time**（前回）も訪れていることがわかります。

③ the writer **made a plan** about what to do in Victoria（筆者はビクトリアで何をするかについて計画を立てた）

筆者自身が計画を立てたという記述は本文にありません。

I happened to meet **Mr. Lucas, my English teacher** there.

I met my host family in Victoria, Canada, **for the first time in three years!**

④ the writer was taught English by Mr. Lucas three years ago（筆者は3年前にルーカス先生に英語を教えてもらった）

第1段落1文目の「3年ぶりにホストファミリーと会いました！」から，3年前にカナダのビクトリアにいたことがわかります。

第4段落3文目の I happened to meet Mr. Lucas, my English teacher there.（そこで偶然，私の英語の先生のルーカス先生に会いました。）より，ルーカス先生が英語の先生だったこともわかります。したがって **my English teacher** を **was taught English by**（～に英語を教えてもらった）と言い換えている④が正解となります。

重要語句

□ graduate from ～ ～を卒業する　□ what to *do* 何をするか

問3　**正解　①**

解答の見通しをたてよう

問3　The writer says that she **wants to** (　　　).

筆者がしたがっていることを選ぶ問題です。ここで注目すべき表現は **want to** です。これにあたる表現を見つけ出すことがポイントです。

解答の根拠を探そう

本文の最後の文に，**want to が使われています**。ここが解答の根拠になります。

Now, I love Victoria and the people there more than before. I **will** contact my host family and **want to** meet them again soon!

他にも，would like to *do*，hope to *do*，wish to *do* などが同意表現です。will（～するつもり）も近い意味になります。

解答を絞り込もう

読み取った内容と一致する選択肢を探します。

I will **contact** my host family and want to meet them again soon!

① keep in touch with her host family（ホストファミリーと連絡をとり続ける）

contact（～と連絡をとる）が **keep in touch with ～**（～と連絡をとり続ける）に言い換えられている①が正解となります。

② learn how to make Italian dishes（イタリア料理の作り方を学ぶ）

an Italian restaurant に言及はありますが，再会して食事をしただけで，作り方を学びたいとは書かれていません。

③ look after the plants in the Butchart Gardens（ブッチャート・ガーデンで植物の世話をする）

the Butchart Gardens で花を見て楽しんだのであって，植物の世話をしたいとは述べられていません。

④ remember Victoria and its people（ビクトリアとそこの人々を思い出す）
本文中に言及がありません。

重要語句

□ keep in touch with ～ ～と連絡をとり続ける　□ how to *do* ～する方法　□ look after ～ ～の世話をする

問題文と設問の訳

あなたはクラスメートのオガワ アヤコさんのブログに次の話を見つけました。

ホストファミリーとの再会

5月6日（日）

カナダのビクトリアで，3年ぶりにホストファミリーと会いました！　私は中学2年生のときに留学プログラムに参加し，2週間彼らのもとに滞在しました。

夏休みにビクトリアを訪れようと決めて，ホストブラザーのベンジャミンにメールをしました。彼は親切にも時間を作って私を案内してくれました。

ビクトリア国際空港でホストファミリーと再会して，抱き合いました。次の日，彼らは私をブッチャート・ガーデンに連れて行きました。そこに一度行ったことがありましたが，そこで美しい花々を見ることをとても楽しみました。私たちは公園で写真を撮りました。

それから，次の場所に行きました。驚いたことに，そこは私が学んだ中学校でした！　そこで偶然，私の英語の先生のルーカス先生に会いました。実は，ホストマザーのオリビアがこっそりと会う約束をしてくれていたのです。学校でのとても楽しい時間を思い出しました。

ホストファミリーとルーカス先生と私とで，「アモーレ」というイタリアンレストランで食事をしました。たくさん話をしました。ベンジャミンはルーカス先生に，私がカナダに初めて滞在したとき，校庭で1日中2人でテニスをして楽しんだことを話しました。

今，私はビクトリアとそこに住む人々が前よりももっと好きです。ホストファミリーに連絡をとり，また近いうちに会いたいと思っています！

問 1　次の出来事（①～④）を起こった順に並べなさい。
① 筆者と家族は公園で写真を撮った。
② 筆者はホストブラザーとテニスをした。
③ 筆者はホストブラザーにメッセージを送った。
④ 筆者はビクトリアの学校に戻った。

問 2　話から，（　　　）ということがわかる。
① 筆者はすでに高校を卒業した
② 筆者は前回，ブッチャート・ガーデンに行かなかった
③ 筆者はビクトリアで何をするかについて計画を立てた
④ 筆者は 3 年前にルーカス先生に英語を教えてもらった

問 3　筆者は（　　　）たいと言っている。
① ホストファミリーと連絡をとり続け
② イタリア料理の作り方を学び
③ ブッチャート・ガーデンで植物の世話をし
④ ビクトリアとそこの人々を思い出し

スポーツジムのウェブサイト

問題編　8ページ

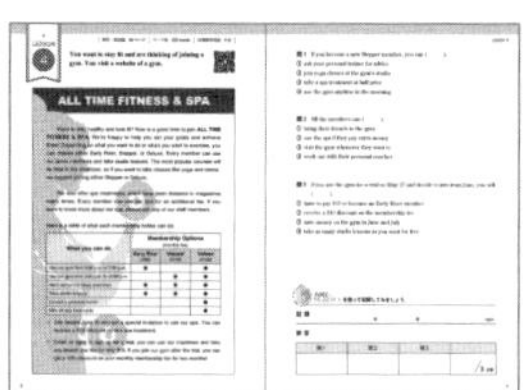

正解　問1②　問2②　問3③

全体像をつかもう

You want to stay fit and are thinking of joining a gym. You visit a website of a gym.

リード文からスポーツジムのウェブサイトだと理解する。

この問題は,「ジムのウェブサイト（a website of a gym)」についてだとわかります。先に本文や表の内容を詳しく見る必要はないですが，本文や表で太字となっている箇所は情報を探し出す手がかりになるので，目を通しましょう。どこにどのような情報があるのかを把握しておくと問いが解きやすくなります。

ALL TIME FITNESS & SPA

Want to stay healthy and look fit? Now is a good time to join **ALL TIME FITNESS & SPA.** We're happy to help you set your goals and achieve them! Depending on what you want to do or when you want to exercise, you can choose either Early Riser, Stepper, or Deluxe. Every member can use our latest machines and take studio lessons. The most popular courses will be held in the afternoon, so if you want to take classes like yoga and dance, we suggest joining either Stepper or Deluxe.

We also offer spa treatments, which have been featured in magazines many times. Every member can use our spa for an additional fee. If you want to know more about our spa, please ask any of our staff members.

Here is a table of what each membership holder can do:

What you can do	Membership Options (monthly fee)		
	Early Riser ($60)	Stepper ($110)	Deluxe ($150)
Use our gym from [illegible] a.m. to 2:00 p.m.	●		●
Use [illegible] from 2:00 p.m. to 10:00 p.m.		●	●
[illegible] out on our latest machines	●	●	●
Take studio lessons	●	●	●
Consult a personal trainer			●
50% off spa treatments			●

3種類の会員タイプがある。

☆ Join before June 30 and get a special invitation to use our spa. You can receive a $10 discount on any spa treatment.

☆ Email us ***here*** to sign up for a trial; you can use our machines and take any lesson you like for only $15. If you join our gym after the trial, you can get a 10% discount on your monthly membership fee for two months!

補足説明や，追加情報には，問いに関係することが書かれていることが多いので丁寧に読む。

重要語句

□ fit 形 健康で　□ set 動 ～を設定する　□ achieve 動 ～を達成する　□ depend on ～ ～次第である
□ latest 形 最新の　□ offer 動 ～を提供する　□ treatment 名 トリートメント，施術
□ feature 動 ～を特集する　□ additional 形 追加の　□ table 名 表
□ membership holder 会員権保持者，会員　□ work out 体を鍛える　□ consult 動 ～に助言を求める
□ invitation 名 招待状　□ discount 名 割引　□ sign up for ～ ～に申し込む，～に参加する
□ trial 名 試し，トライアル　□ monthly membership fee 月会費

問1 **正解** ②

解答の見通しをたてよう

問1 If you become a new **Stepper member**, you can (　　　).

ステッパー会員ができることを読み取る問題です。選択肢と **What you can do** の表を照らし合わせて正解を探します。

解答の根拠を探そう

ステッパー会員ができることを What you can do の表で確認してみましょう。

What you can do	Membership Options (monthly fee)		
	Early Riser ($60)	Stepper ($110)	Deluxe ($150)
Use our gym from 9:00 a.m. to 2:00 p.m.	●		●
Use our gym from 2:00 p.m. to 10:00 p.m.		●	●
Work out on our latest machines	●	●	●
Take studio lessons	●	●	●
Consult a personal trainer			●
50% off spa treatments			●

ステッパー会員ができることは **Use our gym from 2:00 p.m. to 10:00 p.m.**（午後2時から午後10時までのジム利用），**Work out on our latest machines**（最新のマシーンで体を鍛える），**Take studio lessons**（スタジオレッスンを受講する）の3つであることがわかります。

解答を絞り込もう

ステッパー会員のできる項目に適する選択肢を探します。

Consult a personal trainer

① ask your personal trainer for advice（パーソナルトレーナーに助言を求める）
デラックス会員だけができることです。

Take studio lessons

② join yoga classes at the gym's studio（ジムのスタジオでヨガのクラスに参加する）
表の **Take studio lessons**（スタジオレッスンを受講する）を **join yoga classes** at the gym's **studio** と言い換えている②が正解となります。
また，本文の第1段落6文目にも ... if you want to **take classes like yoga** and

dance, we suggest joining either **Stepper** or Deluxe.（**ヨガ**や**ダンス**の**クラスを受講**したければ，**ステッパー**かデラックスに入会されることをお勧めします）と書かれていることもヒントとなります。

50% off spa treatments
↓
③ take a spa treatment at half price（半額でスパトリートメントを受ける）
デラックス会員だけができることです。

---

④ use the gym **anytime** in the morning（午前中いつでもジムを利用する）
表を見るとステッパー会員がジムを利用できるのは午前中ではなく午後2時から午後10時であることがわかり，④は不正解です。

重要語句

□ ask + O + for ～ O に～を求める　□ at half price 半額で

問2　正解　②

解答の見通しをたてよう

問2　All the members can (　　　　).

すべての会員ができることを読み取る問題です。不正解の選択肢には「一部の会員ができること」が含まれることが予想できますので，正解と思わないように注意が必要です。

解答の根拠を探そう

それぞれの会員ができることについては，**What you can do**（できること）の表に書かれていますので，**すべての会員に●がついているところ**を探すことになりそうです。また，表の上に書かれている英文の中にも **All the members と類似した表現**がないか確認してみましょう。

What you can do	Membership Options (monthly fee)		
	Early Riser ($60)	Stepper ($110)	Deluxe ($150)
Use our gym from 9:00 a.m. to 2:00 p.m.	●		●
Use our gym from 2:00 p.m. to 10:00 p.m.		●	●
Work out on our latest machines	●	●	●
Take studio lessons	●	●	●
Consult a personal trainer			●
50% off spa treatments			●

すべての会員に●がついているのは **Work out on our latest machines**（最新のマシーンで体を鍛える）と **Take studio lessons**（スタジオレッスンを受講する）の2つだとわかります。また，本文の第2段落2文目に **All the members と類似した表現**を含んだ **Every member** can use our spa **for an additional fee.**（**会員のみなさまは，追加料金**でスパをご利用いただけます。）があることがわかります。

解答を絞り込もう

表と本文から読み取った内容を言い換えた選択肢を探します。しかし，表から読み取った **Work out on our latest machines**（最新のマシーンで体を鍛える）と **Take studio lessons**（スタジオレッスンを受講する）に該当する選択肢はないので，スパに関する選択肢がないか探してみましょう。

① bring their friends to the gym（友人をジムに連れてくる）
本文や表で言及がありません。

use our spa **for an additional fee**
↓
② use the spa if they pay extra money（追加料金を払うならスパを利用する）
for an additional fee を，**if they pay extra money** と言い換えた②が正解です。

③ visit the gym whenever they want to（そうしたいときにいつでもジムを訪れる）
What you can do の表の利用時間は Use our gym from 9:00 a.m. to 2:00 p.m. と Use our gym from 2:00 p.m. to 10:00 p.m. です。③はこの両方を whenever（いつでも）と言い換えていますが，両方に●がついているのはデラックス会員のみです。

④ work out with their personal coaches（パーソナルコーチと一緒に体を鍛える）
What you can do の表でコーチ（coaches）に関することが書かれているのは，

Consult **a personal trainer**（パーソナルトレーナーに助言を求める）だけであり，さらにここに●がついているのはデラックス会員のみです。

重要語句

□ bring+ O +to ～ Oを～に連れてくる　□ extra 形 追加の，余分の

問3　**正解**　③

解答の見通しをたてよう

問3　If you use the gym for a trial on May 27 and decide to join from June, you will (　　　).

5月27日にトライアル（試し）でジムを利用し，6月から入会を決定した場合に何ができるのかを尋ねる問題です。このように，**問いに具体的な日時が含まれる場合は，本文にも具体的な日時が書かれている箇所があるはず**と推測し，**スキャニング**で正解を導きます。

解答の根拠を探そう

具体的な日時をスキャニングします。

1つ目の☆に **June 30**（6月30日）とあり，2つ目の☆に **the trial**（トライアル）が含まれていることがわかります。ここから必要な情報を読み取りましょう。

☆ Join before June 30 and get a special invitation to use our spa. You can receive a $10 discount on any spa treatment.

☆ Email us ***here*** to sign up for a trial; you can use our machines and take any lesson you like for only $15. If you join our gym after the trial, you can get a 10% discount on your monthly membership fee for two months!

1つ目の☆に Join **before June 30** and **get a special invitation** to use our spa.（**6月30日までに**入会し，スパ利用の**特別な招待状を手に入れ**ましょう。）とあるため，5月27日に6月からの入会を決めると特別な招待状を受け取れることがわかります。また，この（特別な）招待状があれば，You can receive **a $10 discount** on any spa treatment.（すべてのスパトリートメントで **10ドルの割引**を受けられます。）から，**スパの割引が受けられる**ことがわかります。

2つ目の☆の2文目に If you join our gym **after the trial**, you can **get a 10% discount** on your monthly membership fee **for two months**!（**トライアル後**にジムに入会いただいたら，**2か月間**月会費が **10% 割引**になります！）と書かれています。以上のことから，**6月30日までの入会でスパの割引が受けられる，トライアルの後に入会すると2か月間会費が安くなる**という要素を含む選択肢を探しましょう。

解答を絞り込もう

① **have to pay $15** to become an Early Riser member（アーリーライザーの会員になるために15ドル払わなければならない）

What you can do の表の **Early Riser** に60ドルと書かれています。割引額は本文の2つ目の☆から，**a 10% discount**（10%割引）だとわかりますので，60ドルの10%である6ドルを引いた額は，54ドルです。15ドル払って会員になるのではありません。

② receive **a $10 discount** on the membership fee（会費から10ドルの割引を受ける）

2つ目の☆に，**a 10% discount**（**10%割引**）とあり，10ドルではなく，10%なので，②は不正解です。

receive **a $10 discount** on any **spa** treatment

get **a 10% discount** on your **monthly membership fee**

for two months

③ save money on the gym in June and July（6月と7月はジムの料金を節約する）

5月27日にトライアルに参加して6月から入会すると，ジムの月会費が2か月間割引されるということから，6月と7月は save money（お金を節約する）と言うことができます。よって③が正解です。

④ take as many studio lessons as you want for free（好きなだけスタジオレッスンを無料で受講する）

本文の中でこのようなことは述べられていません。

重要語句

☐ save 動 ～を節約する　☐ for free 無料で

問題文と設問の訳

あなたは健康を維持したいので，ジムに入会することを考えています。あなたはジムのウェブサイトにアクセスします。

オールタイムフィットネス＆スパ

健康でいたい，そして健康的に見られたいと思いませんか。今こそオールタイムフィットネス＆スパに入会する時です。あなたが目標を設定し，それを達成するのを喜んでお手伝いします！　あなたが何をしたいか，またいつ運動したいかによって，アーリーライザー，ステッパー，デラックスからお選びいただけます。会員のみなさまが最新のマシーンを使用でき，そしてスタジオレッスンが受講できます。一番人気のコースは午後に開催されますので，ヨガやダンスのクラスを受講されたい場合は，ステッパーかデラックスに入会なさることをお勧めします。

また，スパトリートメントも提供しています。それらは何度も雑誌で特集されています。会員のみなさまは，追加料金でスパをご利用いただけます。スパについて詳しく知りたい方は，私どもスタッフのいずれかにお尋ねください。

こちらが，それぞれの会員ができることの表です。

できること	会員オプション（月額）		
	アーリーライザー（60 ドル）	ステッパー（110 ドル）	デラックス（150 ドル）
午前 9 時から午後 2 時までのジム利用	●		●
午後 2 時から午後 10 時までのジム利用		●	●
最新のマシーンで体を鍛える	●	●	●
スタジオレッスンを受講する	●	●	●
パーソナルトレーナーに助言を求める			●
スパトリートメント 50% 割引			●

☆ 6 月 30 日までに入会し，スパ利用の特別な招待状を手に入れましょう。すべてのスパトリートメントで 10 ドルの割引を受けられます。

☆ トライアルに参加するためにはここにメールしてください：たった 15 ドルでマシーンを利用でき，またお好きなレッスンを受講できます。トライアルの後にジムに入会いただいたら，2 か月間月会費が 10% 割引になります。

問 1 もしあなたが新しくステッパー会員になれば，あなたは（　　　）できる。
① パーソナルトレーナーに助言を求めることが
② ジムのスタジオでヨガのクラスに参加することが
③ 半額でスパトリートメントを受けることが
④ 午前中いつでもジムを利用することが

問 2 すべての会員は（　　　）ことができる。
① 友人をジムに連れてくる
② 追加料金を払うならスパを利用する
③ そうしたいときにいつでもジムを訪れる
④ パーソナルコーチと一緒に体を鍛える

問 3 5 月 27 日にトライアルでジムを利用し 6 月からの入会を決定すれば，あなたは（　　　）だろう。
① アーリーライザーの会員になるために 15 ドル払わなければならない
② 会費から 10 ドルの割引を受ける
③ 6 月と 7 月はジムの料金を節約する
④ 好きなだけスタジオレッスンを無料で受講する

Level 2

230 – 280 words

ジャマイカのデザートレシピとレビュー

正解　問1 ①　問2 ①　問3 ②　問4 ②

全体像をつかもう

> リード文からデザートの作り方とそのレビューがあることを理解する。

When you were looking for something to make during the weekend, you found the following recipe for a Jamaican dessert and reviews for it.

レシピ形式の問題です。レシピ形式の問題は，材料と料理の手順のパートとに分かれています。材料のパートには見慣れない名詞（調味料や食べ物の名前）が出てくることもありますが，レシピの手順をしっかりと理解できれば気にしなくても大丈夫です。

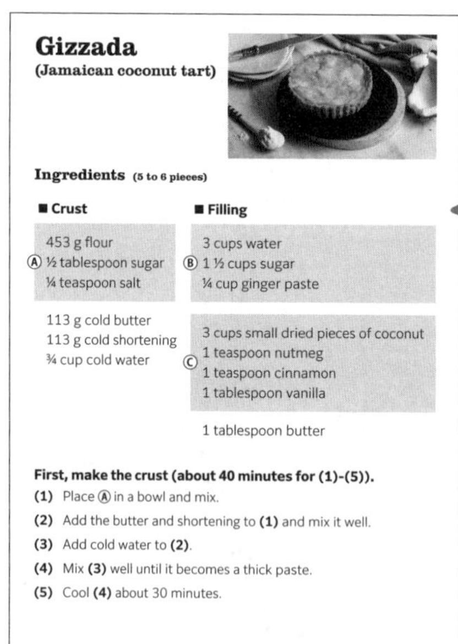

Gizzada
(Jamaican coconut tart)

Ingredients (5 to 6 pieces)

■ Crust
Ⓐ 453 g flour / ½ tablespoon sugar / ¼ teaspoon salt
113 g cold butter
113 g cold shortening
¾ cup cold water

■ Filling
Ⓑ 3 cups water / 1 ½ cups sugar / ¼ cup ginger paste
Ⓒ 3 cups small dried pieces of coconut / 1 teaspoon nutmeg / 1 teaspoon cinnamon / 1 tablespoon vanilla
1 tablespoon butter

First, make the crust (about 40 minutes for (1)-(5)).
(1) Place Ⓐ in a bowl and mix.
(2) Add the butter and shortening to **(1)** and mix it well.
(3) Add cold water to **(2)**.
(4) Mix **(3)** well until it becomes a thick paste.
(5) Cool **(4)** about 30 minutes.

> 材料には Crust を作る段階と Filling を作る段階の２つがある。
> 調理には 14 の手順がある。

> レビューは２人がレシピを作った感想である。

Reviews

Jason (Dec. 10th)
Never heard of it before and was worried about how it would taste. But it turned out great!

Kate (Apr. 22nd)
A little too sweet on my first try. Used less sugar and more ginger the second time, and it was perfect.

重要語句

□ ingredient 名 材料　□ place 動 ～を置く　□ mix 動 ～を混ぜる　□ thick 形 厚さがある　□ cool 動 ～を冷やす
□ pan 名 平鍋，フライパン　□ boil 動 ～を煮る，沸騰させる　□ low heat 弱火　□ clear 形 透明な
□ circle 名 円形のもの　□ fill ～ with ... ～に…を詰める　□ ruin 動 ～を台なしにする　□ bake 動 ～を焼く
□ taste 動 ～な味がする　□ turn out ～ ～だとわかる

問 1　**正解**　①

解答の見通しをたてよう

問 1　What is true about the recipe?

レシピに関して当てはまるものを選ぶ問題です。漠然とした問いで，解答の根拠を見つけるためのヒントとなるキーワードが含まれていません。そこで，選択肢に焦点を当て，**特徴的な語句から本文に戻るスキャニング**で正解を導きます。

解答の根拠を探して解答を絞り込もう

① **Butter** has to be added **when the ingredients are not on the heat.**（バターは材料が火にかけられていないときに加えなければならない。）

本文から具体的な材料 **butter** の情報を探し，「材料が火にかけられていないときにバターを加える」べきかどうかを読み取ればよいと予想できます。

■ **Crust**
113 g cold butter

■ **Filling**
1 tablespoon butter

First, make the crust (about 40 minutes for (1)-(5)).
(2) Add the butter and shortening to **(1)** and mix it well.

While the crust is cooled, make the filling.
(9) Stop the heat and add the butter.

(2) で生地 **(1)** に**バター**（冷たいバター 113g）とショートニングを加えてよく混ぜる。

(9) で火を止めて**バター**（大さじ 1）を加える。

レシピでバターに関することが読み取れるのは **(2)**，**(9)** です。**(2)** と **(9)** からバターを加えるときには材料は熱されていないとわかるので，①が正解です。

② There are two cooling stages but **one is not necessary.**（2 つの冷やす段階があるが，1 つは不要な場合もある。）

材料を冷ますことに関しては，**(5)** Cool **(4)** about 30 minutes.（**(4)** を約 30 分冷まします。）と **(10)** Cool the filling about 30 minutes.（詰め物を約 30 分冷まします。）の 2 回あることがわかります。しかし，そのどちらか 1 つが不要であるとは述べられていません。

③ You have to boil the ingredients on a high heat to **get rid of the water**.（水気をとばすために材料を強火で煮なければならない。）

水気をとばすことに関しては，**(8)** Keep heating it for about 15 minutes until the water is gone.（水気がなくなるまで，15 分間加熱し続けます。）を確認します。③では on a high heat（強火で）と述べられていますが，本文では keep heating it（熱し続けます）と述べられているだけで，強火にするという指示はありません。したがって③は不正解です。

④ You have to **use a high heat** to mix the sugar well with water.（水と砂糖をよく混ぜるために，強火を使わなければならない。）

水と砂糖を混ぜることに関しては，**(6)** Place Ⓑ in a pan and boil on a low heat about 5 minutes until the sugar becomes clear.（Ⓑを鍋に入れ，砂糖が透明になるまで弱火で約 5 分間煮ます。）と述べられていますが，use a high heat（強火を使う）が異なるので，④は不正解です。また，mix the sugar well は本文では sugar becomes clear と述べられています。

重要語句

☐ stage 名 段階　☐ necessary 形 必要な　☐ get rid of ～ ～を取り除く

問 2　**正解**　①

解答の見通しをたてよう

問 2　One reason the filling has to be cold is to (　　　　).

filling（詰め物）**が冷たくなければならない理由**を読み取るものです。filling はなじみがない単語かもしれませんが，お菓子などのレシピに出てくる詰め物のことです。ここで大切なのは filling に関する情報を読み取ることです。

解答の根拠を探そう

filling に関する指示があるのは，**(10)** と **(13)** の 中の 3 か所です。

(10)　Cool the **filling** about 30 minutes.

(13)　Fill them with the cooled **filling** (a hot **filling** will ruin the crust by making it too soft).

この問題は cold という単語だけに注目すると，解答の根拠を探しづらいです。**(13)** の a hot filling will ...（熱い詰め物は…）に注目し，filling が熱いとどうなってしまうのか確認しましょう。

解答を絞り込もう

a hot filling will **ruin the crust** by making it too soft

① avoid causing damage to the crust（生地にダメージを与えるのを避ける）
a hot filling will ruin the crust by making it too soft（詰め物が熱すぎると，生地を柔らかくしすぎて台なしにします）と述べられています。そうならないために，**詰め物は冷めていないといけない**ということです。したがって ruin the crust（生地を台なしにする）を causing damage to the crust と言い換えている①が正解です。

② get the crust thin enough to hold the filling（詰め物を入れるために生地を十分な薄さにする）
生地の厚さに関しては，**(11)** Roll out the crust to 3 mm thick.（生地を 3 mm の厚さに伸ばします。）とありますが，詰め物が冷たくなければならない理由ではありません。よって②は不正解です。

③ keep the crust perfectly round for a better shape（よりよい形にするために生地を完全な丸型にしておく）
(12) Cut 10 cm circles out of it.（そこから 10 cm の円形に切り抜きます。）とありますが，形を良くするために完全に丸くしなければならないとは述べられていませんし，詰め物が冷たくなければならない理由でもありません。よって③は不正解です。

④ prevent the crust from becoming too brown（生地が焦げすぎになることを防ぐ）
本文に述べられていませんので，不正解です。

重要語句

□ avoid *doing* 動 ～することを避ける　□ cause 動 ～を引き起こす　□ thin 形 薄い　□ perfectly 副 完全に
□ shape 名 形　□ prevent + O + from *doing* O が～することを防ぐ

問3 正解 ②

解答の見通しをたてよう

問3 If you add up **the time something is being boiled**, you will get (　　　).

選択肢はすべて時間なので，**特定の作業にかかる所要時間**の問題であることがわかります。ここでは the time something is being boiled（何かが煮られている時間）を合計したら何分になるか問われています。

解答の根拠を探そう

(6) Place Ⓑ in a pan and boil on a low heat about 5 minutes until the sugar becomes clear.

(8) Keep heating it for about 15 minutes until the water is gone.

問いの **is being boiled**（煮られている）という語句をもとに探すと，**(6)** の **boil on a low heat about 5 minutes**（弱火で約5分煮ます）に注目できます。また，**(8)** に Keep heating it **for about 15 minutes**（約15分間熱し続けます）とあるので，さらに15分煮続けることになります。

解答を絞り込もう

boil on a low heat about **5 minutes**　　Keep heating it for about **15 minutes**

② 20 minutes

(6) と **(8)** でそれぞれ5分と15分煮るので，正解はその2つの時間を合計した20分です。

その他の選択肢は本文中に記載されている時間を使った誤答です。

重要語句

☐ **add up ～** ～を合計する

問 4 **正解** ②

解答の見通しをたてよう

問 4 According to the website, **one fact** (not an opinion) about this recipe is that (　　　).

ウェブサイトを読み，レシピに関する**事実を読み取る**問題です。このタイプの問いは本文の内容に合う選択肢を選ぶだけでは不十分です。本文の内容に一致していてもその選択肢が**「意見」である場合は誤答になる**ので気をつけましょう。さらに問いには，本文の中から解答の根拠を探し出せそうなキーワードが含まれていないので，選択肢に焦点を当て，**特徴的な語句から本文に戻るスキャニング**で正解を導きます。

解答の根拠を探して解答を絞り込もう

① it tastes better if you put more ginger in it（もっとショウガを入れたら，よりおいしい）

ケイトのレビューに Used less sugar and more ginger the second time, and it was perfect.（2 回目は，砂糖を減らしてショウガを増やしたら，完璧でした。）とあり本文と内容は合っています。しかし，tastes better（よりおいしい）は**主観的な「意見」**なので，①は不正解です。

---

② one of the reviewers made it **more than once**（レビュアーの 1 人はレシピを 2 回以上作った）

レビュアー（レビューを書いた人）に関する情報を読み取らなければならないので，レビューの部分を参照します。

Kate **(Apr. 22nd)**

A little too sweet **on my first try**. Used less sugar and more ginger **the second time**, and it was perfect.

ケイトのレビューに，**初めて試したとき**（on my first try）は少し甘すぎた，**2 回目**（the second time）は砂糖を減らしショウガを増やした，とあるので，合計 2 回レシピを作ったことがわかります。これを **more than once**（**2 回以上**）と言い換えた②が正解です。

③ people are often worried about how it looks（人々はしばしば，見た目を気にする）
本文には述べられていませんので，不正解です。ジェイソンのレビューで worried about how it would taste（どんな味がするか心配でした）と似たような表現があるので，気をつけましょう。

④ you don't have to use butter for the crust（生地にバターを使う必要はない）
生地を作る際，**(2)** に Add the butter...（バターを加える）という指示がありますが，それが不必要だという記述はないため，④は不正解です。

重要語句

□ fact 名 事実

問題文と設問の訳

あなたは週末に何か作るものを探していたとき，以下のジャマイカのデザートのレシピとレビューを見つけました。

ギザーダ（ジャマイカのココナッツタルト）

材料（5 ～ 6 個）

■生地

Ⓐ
小麦粉　453g
砂糖　大さじ 1/2
塩　小さじ 1/4

冷たいバター　113g
冷たいショートニング 113g
冷水　3/4 カップ

■詰め物

Ⓑ
水　3 カップ
砂糖　1 と 1/2 カップ
ショウガペースト　1/4 カップ

Ⓒ
乾燥ココナッツ片　3 カップ
ナツメグ　小さじ 1
シナモン　小さじ 1
バニラ　大さじ 1

バター　大さじ 1

まず，生地を作ります（(1) ～ (5) で約 40 分）。

(1) Ⓐをボウルに入れて混ぜます。

(2) **(1)** にバターとショートニングを加えてよく混ぜます。
(3) **(2)** に冷水を加えます。
(4) どろどろしたペースト状になるまで **(3)** をよく混ぜます。
(5) **(4)** を約 30 分冷まします。

生地を冷ましている間に，詰め物を作ります。
(6) Ⓑ を鍋に入れ，砂糖が透明になるまで弱火で約 5 分煮ます。
(7) Ⓒ を加えます。
(8) 水気がなくなるまで約 15 分加熱し続けます。
(9) 火を止め，バターを加えます。
(10) 詰め物を約 30 分冷まします。

詰め物を冷ましている間に，
(11) 生地を 3 mm の厚さに伸ばします。
(12) そこから 10 cm の円形に切り抜きます。
(13) 冷ました詰め物を生地に詰めます（詰め物が熱すぎると，生地を柔らかくしすぎて台なしにします）。
(14) 25 分焼きます（オーブンをこの段階までに摂氏 200 度にしておきます）。

レビュー
ジェイソン **（12 月 10 日）**
これまで聞いたことがなく，どんな味がするか心配でした。でも，とてもおいしくできました！

ケイト **（4 月 22 日）**
初めて試したときは少し甘すぎました。2 回目は，砂糖を減らしてショウガを増やしたら，完璧でした。

問 1 レシピについて何が正しいか。
① バターは材料が火にかけられていないときに加えなければならない。
② 2 つの冷やす段階があるが，1 つは不要な場合もある。
③ 水気をとばすために材料を強火で煮なければならない。
④ 水と砂糖をよく混ぜるために，強火を使わなければならない。

問2　その詰め物が冷たくなければならない理由の１つは（　　　）ためである。

① 生地にダメージを与えるのを避ける

② 詰め物を入れるために生地を十分な薄さにする

③ よりよい形にするために生地を完全な丸型にしておく

④ 生地が焦げすぎになることを防ぐ

問3　何かか煮られている時間を合計すれば，（　　　）となる。

① 15分

② 20分

③ 25分

④ 30分

問4　ウェブサイトによると，このレシピについての**ある事実**（意見ではない）は，（　　　）ということである。

① もっとショウガを入れたら，よりおいしい

② レビュアーの１人はレシピを２回以上作った

③ 人々はしばしば，見た目を気にする

④ 生地にバターを使う必要はない

問題編　14ページ

高校の祝賀記念日のスケジュールと2通のメール

正解　問1 ④　問2 ②　問3 ③　問4 ④

全体像をつかもう

Percy, the student body president of Lapis High School, and you are creating a schedule for the school's celebration day.

リード文から，パーシーは高校の生徒会長で，学校の祝賀記念の日のスケジュールを作成していることを理解する。

スケジュールとそれに関連する2通のメールで構成されています。

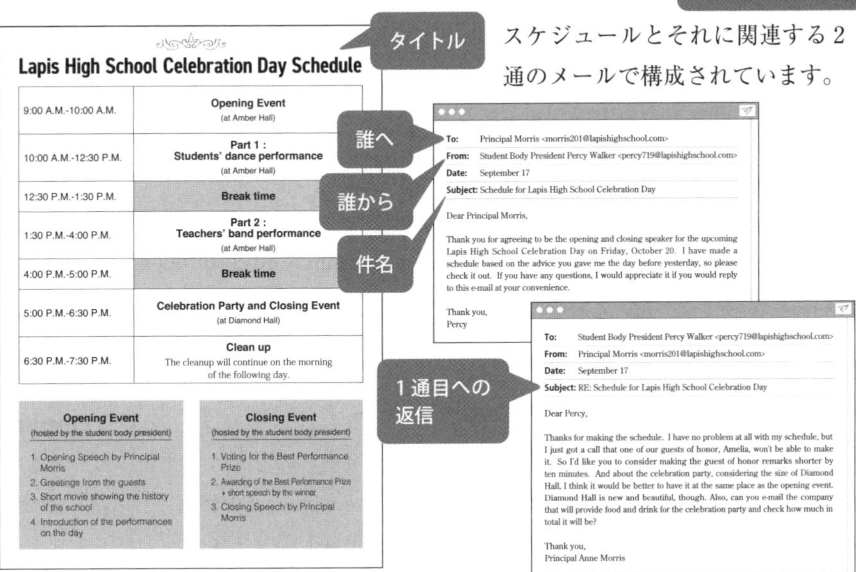

Lapis High School Celebration Day Schedule

9:00 A.M.-10:00 A.M.	Opening Event (at Amber Hall)
10:00 A.M.-12:30 P.M.	Part 1 : Students' dance performance (at Amber Hall)
12:30 P.M.-1:30 P.M.	Break time
1:30 P.M.-4:00 P.M.	Part 2 : Teachers' band performance (at Amber Hall)
4:00 P.M.-5:00 P.M.	Break time
5:00 P.M.-6:30 P.M.	Celebration Party and Closing Event (at Diamond Hall)
6:30 P.M.-7:30 P.M.	Clean up The cleanup will continue on the morning of the following day.

Opening Event
(hosted by the student body president)

1. Opening Speech by Principal Morris
2. Greetings from the guests
3. Short movie showing the history of the school
4. Introduction of the performances on the day

Closing Event
(hosted by the student body president)

1. Voting for the Best Performance Prize
2. Awarding of the Best Performance Prize + short speech by the winner
3. Closing Speech by Principal Morris

To: Principal Morris <morris201@lapishighschool.com>
From: Student Body President Percy Walker <percy719@lapishighschool.com>
Date: September 17
Subject: Schedule for Lapis High School Celebration Day

Dear Principal Morris,

Thank you for agreeing to be the opening and closing speaker for the upcoming Lapis High School Celebration Day on Friday, October 20. I have made a schedule based on the advice you gave me the day before yesterday, so please check it out. If you have any questions, I would appreciate it if you would reply to this e-mail at your convenience.

Thank you,
Percy

To: Student Body President Percy Walker <percy719@lapishighschool.com>
From: Principal Morris <morris201@lapishighschool.com>
Date: September 17
Subject: RE: Schedule for Lapis High School Celebration Day

Dear Percy,

Thanks for making the schedule. I have no problem at all with my schedule, but I just got a call that one of our guests of honor, Amelia, won't be able to make it. So I'd like you to consider making the guest of honor remarks shorter by ten minutes. And about the celebration party, considering the size of Diamond Hall, I think it would be better to have it at the same place as the opening event. Diamond Hall is new and beautiful, though. Also, can you e-mail the company that will provide food and drink for the celebration party and check how much in total it will be?

Thank you,
Principal Anne Morris

誰から（From）誰（To）へ送信されたのか，2通のメールの関係を理解しましょう。件名（Subject）から，メールの内容はスケジュールのことだとわかります。

重要語句

□ create 動 ～を作る　□ clean up 掃除する　□ cleanup 名 掃除　□ principal 名 校長　□ greeting 名 あいさつ
□ introduction 名 紹介　□ voting 名 投票　□ awarding 名 授与　□ prize 名 賞　□ agree to *do* ～することに同意する
□ upcoming 形 来たる　□ based on ～ ～を基に　□ the day before yesterday 一昨日
□ check out ～ ～を確認する　□ appreciate it if you would ～ ～していただけるとありがたい
□ reply to ～ ～に返信する　□ at one's convenience 都合が良いときに　□ have no problem at all 全く問題ない
□ one of＋複数形の名詞 ～のうちの1つ［1人］　□ make it 都合がつく
□ would like＋O＋to do O に～してもらいたい　□ guest of honor 主賓　□ remark 名 言葉
□ consider 動 ～を考える　□ by ～ 前 ～の差で　□ considering 前 ～を考慮すると　□ better 形 より良い
□ the same ～ as ... …と同じ～　□ though 副 だけどね　□ provide 動 ～を提供する　□ in total 合計で

問1 正解 ④

解答の見通しをたてよう

問1 What can you **learn from the schedule**?

スケジュールから読み取れることを問う問題です。このような問題は，**選択肢の特徴的な語句から本文（ここではスケジュール全体）に戻るスキャニング**で正解を導きます。

解答の根拠を探して解答を絞り込もう

① At the closing ceremony, students can be more familiar with **the school's history**.（閉会式では，生徒は学校の歴史をよりよく知ることができる。）

the school's history（学校の歴史）と同じ表現を探すと，スケジュール下の **Opening Event**（開会式）に，3. Short movie showing the history of the school（学校の歴史を紹介するショートムービー）とあります。つまり，学校の歴史に関して知ることができるのは Closing Event（閉会式）ではないことがわかりますので，①は不正解となります。

② **Percy** is going to give a **speech** at the beginning of the celebration party.（祝賀会の最初にパーシーがスピーチをすることになっている。）

パーシーがスピーチをするという記述をスケジュールで探します。リード文にある **the student body president**（生徒会長）もキーワードとなるので注意しましょう。スピーチのことが書かれているのはスケジュール下の **Opening Event**（開会式）の 1 と **Closing Event**（閉会式）の 2 と 3 です。スピーチをするのは Principal Morris（モリス校長）と the winner（受賞者）であり，Percy（パーシー）ではありません。よって②は不正解となります。

③ **The first and the second parts** don't have the same total hours.（第 1 部と第 2 部は総時間数が同じではない。）

the first and the second parts（1 番目と 2 番目の部）は，スケジュールの Part 1（第 1 部）と Part 2（第 2 部）のことだとわかります。Part 1（第 1 部）は 10:00 A.M. – 12:30 P.M.，Part 2（第 2 部）は 1:30 P.M. – 4:00 P.M. です。いずれも所要時間は 2 時間半なので，③は不正解となります。

2. Awarding of the Best Performance Prize + **short speech** by **the winner**

④ The person who will get the prize is supposed to make a speech.（賞をもらう人は，スピーチをすることになっている。）

prize（賞）は，スケジュール下の **Closing Event**（閉会式）の 2. Awarding of the Best Performance Prize + short speech by the winner（ベストパフォーマンス賞の授与＋受賞者によるショートスピーチ）より，賞を取った者はスピーチをすることになっているのがわかります。the winner（受賞者）が，The person who will get the prize（賞をもらう人）と言い換えられているので，④が正解となります。

重要語句

☐ be familiar with ～ ～を良く知っている　☐ give a speech スピーチをする　☐ at the beginning of ～ ～の最初に
☐ same 名 同じ　☐ be supposed to *do* ～することになっている　☐ make a speech スピーチをする

問 2　**正解**　②

解答の見通しをたてよう

問 2　What is **NOT written in the schedule or e-mails**?

スケジュールと 2 通のメールに書かれていないものを問う問題です。これに関しても解答の根拠が絞れないので，**選択肢の特徴的な語句から本文に戻るスキャニング**で正解を導きます。

解答の根拠を探して解答を絞り込もう

① **Amber Hall** might be used for **both the opening and closing events**.（アンバーホールは開会式と閉会式の両方に使われるかもしれない。）

開会式と閉会式が行われる場所がどちらも Amber Hall である可能性があるかを確認していきます。まずはスケジュールを確認すると，Opening Event (at Amber Hall), Celebration Party and Closing Event (at Diamond Hall) と書かれていますので，同じ場所ではないようですが，念のため，それに関して変更がないかメールも確認します。すると，2 つ目の（校長が送信した）メールに，about the **celebration party**, considering the size of Diamond Hall, I think it would be better to have it at the same place as the opening event.（祝賀会につい

てですが，ダイヤモンドホールの大きさを考えると，開会式と同じ場所で開催したほうがいいと思います。）とあり，開会式と（祝賀会および）閉会式の場所は同じにするように促しています。よって，①は本文の内容と一致しており，正解にはなりません。

Diamond Hall is **new** and beautiful though.

② Diamond Hall was built long before Amber Hall.（ダイヤモンドホールはアンバーホールよりずっと前に建てられた。）

Diamond Hall（ダイヤモンドホール）と Amber Hall（アンバーホール）がいつ建てられたかを比較している記述は本文にありません。また，モリス校長の送ったメールの 5 文目に Diamond Hall is new and beautiful, though.（ダイヤモンドホールは新しくてきれいですけどね。）より，ダイヤモンドホールは最近建てられたと推測でき，アンバーホールより昔に建てられたとは考えられません。②が本文と一致しないため正解となります。

③ On the day of the celebration, there'll be total of two hours' **rest**.（祭典の日の当日は，合計で 2 時間の休憩がある。）

rest（休憩）と同じ表現を，スケジュールの中から探すと，Break time が該当します。12:30 P.M. – 1:30 P.M. と 4:00 P.M. – 5:00 P.M. の 2 回に分かれており，合計 2 時間なので本文と一致しています。

④ **Saturday morning** is also scheduled as **clean-up time**.（土曜日の午前中も片付けの時間に予定されている。）

clean-up time（片付けの時間）は，スケジュールの Clean up を確認すると，**The cleanup** will continue on **the morning of the following day**.（後片付けは翌日の午前中に続きます。）と書かれています。ここでの「翌日」とはいつなのかを知るためにメールを確認していきましょう。1 つ目のメールに Lapis High School Celebration Day on Friday, October 20（10 月 20 日（金）に開催されるラピス祝賀記念日）とありますので，スケジュールにある「翌日」は土曜日とわかります。よって④は正解にはなりません。

重要語句

□ both A and B　A と B の両方　□ rest 名 休憩　□ as 前 ～として

問 3　**正解**　③

解答の見通しをたてよう

問 3　**When** did Principal Morris **give Percy** some **advice**?

モリス校長が**いつパーシーにアドバイスをしたか**を問う問題です。これはスケジュールとは関係ないので，advice（アドバイス）をキーワードとして探して，1つ目のメールに範囲を絞ります。

解答の根拠を探そう

Thank you for agreeing to be the opening and closing speaker for the upcoming Lapis High School Celebration Day on Friday, October 20. I have made a schedule based on the advice you gave me the day before yesterday, so please check it out. If you have any questions, I would appreciate it if you would reply to this e-mail at your convenience.

I have made a schedule based on the advice you gave me the day before yesterday（一昨日いただいたアドバイスをもとに，スケジュールを作成しました）とあります。

解答を絞り込もう

この you とはメールの宛先であるモリス校長のことですので，このメールを送った日から見て **the day before yesterday**（2 日前）にパーシー（me）はアドバイスをもらっていることがわかります。メールを送った日付を確認すると，Date : September 17 と書かれていることから，その 2 日前は September 15 なので，③が正解となります。

問 4　**正解**　④

解答の見通しをたてよう

問 4　What is **Percy** most likely to **do next**?

パーシーがこのあと何をするかが問われています。まずはパーシーが送ったメールを確認しましょう。

解答の根拠を探そう

モリス校長のアドバイスに基づいてスケジュールを作成したという報告だけで，次にすることについては書かれていません。ですから，モリス校長が送ったメールの中で何らかの依頼をし，パーシーがそれに従うのではないかと予想できますので，モリス校長のメールを確認していきましょう。

Dear Percy,

Thanks for making the schedule. I have no problem at all with my schedule, but I just got a call that one of our guests of honor, Amelia, won't be able to make it. So I'd like you to consider making the guest of honor's remarks shorter by ten minutes. And about the celebration party, considering the size of Diamond Hall, I think it would be better to have it at the same place as the opening event. Diamond Hall is new and beautiful, though. Also, can you e-mail the company that will provide food and drink for the Celebration Party and check how much in total it will be?

Thank you,
Principal Anne Morris

モリス校長のメールの最終文に Also, can you ... ? があります。**Can you ... ? は相手**（ここではパーシー）**に対して何かを依頼する際に用いられる表現**なので，モリス校長はパーシーに何かをお願いしていることがわかります。
Can you の後に続く依頼内容は以下の２点です。

- e-mail the company that will provide food and drink for the Celebration Party（祝賀会の飲食物を提供してくれる会社にメールをする）
- check how much in total it will be（総額がいくらになるか確認する）

パーシーは校長からのメールを読んでこの依頼に答えると予想できます。

解答を絞り込もう

読み取った内容と一致する選択肢を探します。

① Call all the guests to make sure they can come to the school's celebration day.（来賓全員に電話して，学校の祝賀記念日に来られるかどうか確認する。）

このようなことはメールには書いてありません。

② Change the time of the speech by Principal Morris as she wanted.（モリス校長のスピーチの時間を彼女の希望どおりに変更する。）

consider making the guest of honor remarks shorter by ten minutes（主賓のあいさつを 10 分短くすることを検討する）とは書いてありますが，モリス校長のスピーチの時間を変更するとは書いてありません。

③ Communicate with Amelia to coordinate schedules again.（再度スケジュールを調整するためアメリアと連絡をとり合う。）

I just got a call that one of our guests of honor, Amelia, won't be able to make it.（主賓の 1 人であるアメリアが来られなくなったという連絡がありました。）So I'd like you to consider making the guest of honor remarks shorter by ten minutes.（そこで，主賓のあいさつを 10 分短くすることを検討してもらいたいのです。）と，モリス校長がパーシーにお願いしています。パーシーがアメリアに連絡をとることは頼まれていませんので，③は不正解です。

would like + 人 + to *do*（人に～してもらいたいのですが）は人に何か依頼する際の頻出表現なので覚えておきましょう。

can you **e-mail the company that will provide food and drink for the Celebration Party** and check how much in total it will be?

④ Contact those who will prepare meals and beverages for the party.（祝賀会の食事と飲み物を用意してくれる人たちに連絡する。）

e-mail（メールする）という動詞は contact（連絡を取る）に言い換えられ，the company that will provide food and drink for the Celebration Party（祝賀会の飲食物を提供してくれる会社）は，those who will prepare meals and beverages for the party（祝賀会の食事と飲み物を用意してくれる人たち）と言い換えられています。よって④が正解となります。

those who ～（～する人々）は読解でも頻出なので覚えておきましょう。

重要語句

□ coordinate 動 ～を調整する　□ beverage 名 飲み物

問題文と設問の訳

ラピス高校の生徒会長であるパーシーとあなたは，学校の祝賀記念の日のスケジュールを作成しています。

ラピス高校祝賀記念の日スケジュール

時間	内容
9:00 A.M. – 10:00 A.M.	**開会式** （アンバーホールにて）
10:00 A.M. – 12:30 P.M.	**第 1 部： 生徒によるダンスパフォーマンス** （アンバーホールにて）
12:30 P.M. – 1:30 P.M.	**休憩時間**
1:30 P.M. – 4:00 P.M.	**第 2 部： 教師によるバンド演奏** （アンバーホールにて）
4:00 P.M. – 5:00 P.M.	**休憩時間**
5:00 P.M. – 6:30 P.M.	**祝賀会および閉会式** （ダイヤモンドホールにて）
6:30 P.M. – 7:30 P.M.	**後片付け** 後片付けは翌日の午前中に続きます。

開会式
（生徒会長主催）

1. モリス校長による開会の辞
2. 来賓あいさつ
3. 学校の歴史を紹介するショートムービー
4. 当日のパフォーマンスの紹介

閉会式
（生徒会長主催）

1. ベストパフォーマンス賞の投票
2. ベストパフォーマンス賞の授与＋受賞者によるショートスピーチ
3. モリス校長による閉会の辞

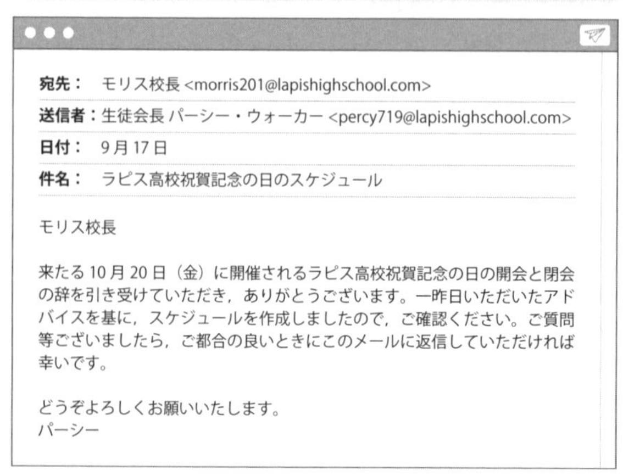

宛先： モリス校長 <morris201@lapishighschool.com>
送信者： 生徒会長 パーシー・ウォーカー <percy719@lapishighschool.com>
日付： 9 月 17 日
件名： ラピス高校祝賀記念の日のスケジュール

モリス校長

来たる 10 月 20 日（金）に開催されるラピス高校祝賀記念の日の開会と閉会の辞を引き受けていただき，ありがとうございます。一昨日いただいたアドバイスを基に，スケジュールを作成しましたので，ご確認ください。ご質問等ございましたら，ご都合の良いときにこのメールに返信していただければ幸いです。

どうぞよろしくお願いいたします。
パーシー

宛先： 生徒会長 パーシー・ウォーカー <percy719@lapishighschool.com>
送信者： モリス校長 <morris201@lapishighschool.com>
日付： 9月17日
件名： RE: ラピス高校祝賀記念の日のスケジュール

パーシーへ

スケジュール作成をありがとう。私のスケジュールは全く問題ないのですが，主賓の1人であるアメリアが来られなくなったという連絡がありました。そこで，主賓のあいさつを10分短くすることを検討してもらいたいのです。そして，祝賀会についてですが，ダイヤモンドホールの大きさを考えると，開会式と同じ場所で開催したほうがいいと思います。ダイヤモンドホールは新しくてきれいですけどね。また，祝賀会の飲食物を提供してくれる会社にメールをし，総額がいくらになるか確認してもらえますか。

よろしくお願いします。
校長 アン・モリス

問1 スケジュールからどんなことがわかるか。
① 閉会式では，生徒は学校の歴史をよりよく知ることができる。
② 祝賀会の最初にパーシーがスピーチをすることになっている。
③ 第1部と第2部は総時間数が同じではない。
④ 賞をもらう人は，スピーチをすることになっている。

問2 スケジュールやメールに書かれて**いない**ことは何か。
① アンバーホールは開会式と閉会式の両方に使われるかもしれない。
② ダイヤモンドホールはアンバーホールよりずっと前に建てられた。
③ 祝賀記念当日は，合計で2時間の休憩がある。
④ 土曜日の午前中も片付けの時間に予定されている。

問3 モリス校長がパーシーにアドバイスをしたのはいつか。
① 10月18日
② 10月20日
③ 9月15日
④ 9月20日

問4 パーシーは次に何をする可能性が高いか。
① 来賓全員に電話して，学校の祝賀記念日に来られるかどうか確認する。
② モリス校長のスピーチの時間を彼女の希望通りに変更する。
③ 再度スケジュールを調整するためアメリアと連絡をとり合う。
④ 祝賀会の食事と飲み物を用意してくれる人たちに連絡する。

問題編　18ページ

電子書籍サービスのウェブサイトとレビュー

正解　問1②　問2③　問3④　問4③

全体像をつかもう

You are thinking about using an e-book reading service. You visit a website of a company that introduces some plans.

リード文から電子書籍サービスのウェブサイトと理解する。

EVEREAD

Enjoy reading, free from stress, without worrying about the cost or having to store printed books! All you need is a smartphone or a tablet computer to read many kinds of books and magazines. Our useful app makes your reading experience the most convenient ever.

With any plan, you have access to as many as 1 million books sold in the country anytime and anywhere. We offer book recommendations based on what you have read. You can read both online and offline, so once the data of a book is downloaded, you can read it without being connected to the Internet. If you are an Omnibooks reader, you can read the newest titles and enjoy them as audio books.

We have a monthly pay system. Depending on your taste and budget, you can choose from three types of membership options: Funbooks, Megabooks and Omnibooks.

What you get	Membership Options (monthly fee)		
	Funbooks ($10)	Megabooks ($12)	Omnibooks ($15)
Reading online and offline	●	●	●
Original app	●	●	●
Fiction and Non-fiction	●	●	●
Comic books	●		●
Magazines		●	●
Newly published books			●
Audio books			●
Free trial for one month			●

★ You can apply for a free trial of Omnibooks for the first month. Information about payment is needed to start the trial.

★ You can pay: by credit card / through an ATM.

★ You can get 20% off the price for the first month if you start using our service before April 30.

For more information, click *here*.

① 概要の紹介

② プランの比較を示す表

③ 利用の際の注意事項

ウェブサイト（① **概要**の紹介，② **プランの比較**を示す表，③ 利用の際の**注意事項**）と**レビュー**で構成されています。

レビューには基本的に① 投稿者の**名前**，② **日付**と③ **評価**（星の数で評価する場合もあります）が書かれています。

Review & Comments

Kevin Taylor　**March 16, 2021 at 10:12 a.m.**

Great system for reading e-books! I enjoy reading novels and cooking magazines. The app is very easy to use. Listening to a novel by my favorite author while driving has been a fresh experience for me.

① 投稿者の名前　② 日付　③ 評価

重要語句

□ e-book 名 電子書籍　□ free from ～ ～なしで　□ without *do*ing ～することなく
□ printed book（印刷された）書籍　□ app 名 アプリ　□ experience 名 経験　□ convenient 形 便利な
□ access 名 利用手段，入手手段　□ offer 動 ～を提供する　□ recommendation 名 推薦，おすすめ
□ based on ～ ～に基づいて　□ once 接 一度～すると　□ connect to ～ ～と接続する
□ title 名（本や CD などの）作品　□ audio book オーディオブック，朗読録音本　□ monthly 形 月1回の
□ depending on ～ ～に応じて　□ budget 名 予算　□ choose from ～ ～から選ぶ　□ membership 名 会員
□ fiction 名 フィクション，小説　□ publish 動 ～を出版する　□ apply for ～ ～に申し込む
□ trial 名 試し，トライアル　□ author 名 著者，作家

問1 **正解** ②

解答の見通しをたてよう

問1 All the users of the plans can (　　　).

全ての利用者に当てはまることは何かが問われています。利用者ができることに関しては，一覧になっている表を確認しましょう。表を見て解答を絞り込めない場合は，それ以外の箇所から解答の根拠を探すようにしましょう。
問いは漠然としているので，**選択肢から表や本文に戻るスキャニングで**正解を導きます。

解答の根拠を探して解答を絞り込もう

What you get	Membership Options (monthly fee)		
	Funbooks ($10)	Megabooks ($12)	Omnibooks ($15)
Reading online and offline	●	●	●
Original app	●	●	●
Fiction and Non-fiction	●	●	●
Comic books	●		●
Magazines		●	●
Newly published books			●
Audio books			●
Free trial for one month			●

表より，全ての利用者に当てはまるのは，**Reading online and offline**（オンライン・オフラインでの読書），**Original app**（オリジナルアプリ），**Fiction and Non-fiction**（フィクションとノンフィクション）の3つの項目です。
確認した内容をもとに，各選択肢を見ていきましょう。

① **avoid paying** in the first month and the following month（初月と翌月の支払いを避ける）
avoid paying（支払いを避ける）より，表の一番下 **Free trial for one month**（1か月間の無料お試し）の項目を見ると，該当するのは**オムニブックスの利用**

者のみで，全ての利用者に当てはまることではありません。

We offer book **recommendations** based on **what you have read.**

② get book suggestions based on what they like（自分の好みに基づいて本を提案してもらう）

表には **suggestions（提案）に相当する項目はありません**。このような場合には，他の部分を見ていきましょう。

第２段落冒頭に With any plan（どのプランでも）とあるので，この段落にも全ての利用者ができることについて書かれていることがわかります。

２文目に We offer book **recommendations** based on **what you have read**.（あなたが読んだ本に基づいて，おすすめの本をご紹介します。）とあり，**recommendations**（推薦）が **suggestions**（提案）に言い換えられています。また，読んだ本からその人の好みがわかると考え，**what you have read**（読んだもの）が **what they like**（自分の好み）と表されています。よって②が正解となります。

③ have the company send them paper books（この会社から紙の本を送ってもらう）

表および本文に言及がありません。

④ read digital books only on the Internet（インターネット上でのみデジタルブックを読む）

表より，全ての利用者が **Reading online and offline**（オンライン・オフラインでの読書）が可能とあるので，インターネット上のみと限定している④は不正解です。

重要語句

□ avoid *do*ing ～するのを避ける，～しないようにする　□ suggestion 名 提案　□ have + O + *do* O に～させる

問2 正解 ③

解答の見通しをたてよう

問2 If you become **a Funbooks user on April 10**, you can read (   ).

ファンブックスの利用者なら何が読めるか，という問題です。**どの会員なら何が得られるかという比較が必要**になるので，**表を中心に**見ていきましょう。さらに **on April 10**（4月10日に）と限定されているので，**日付が関わる箇所**にも目を向けましょう。

解答の根拠を探そう

各会員オプションの違いを比較するには，表と日付に関係ある注意書きの3つ目を確認しましょう。

What you get	Membership Options (monthly fee)		
	Funbooks ($10)	Megabooks ($12)	Omnibooks ($15)
Reading online and offline	●	●	●
Original app	●	●	●
Fiction and Non-fiction	●	●	●
Comic books	●		●
Magazines		●	●
Newly published books			●
Audio books			●
Free trial for one month			●

★ You can **get 20% off the price for the first month** if you start using our service **before April 30**.

ファンブックスの会員は，**Reading online and offline**（オンライン・オフラインでの読書），**Original app**（オリジナルアプリ），**Fiction and Non-fiction**（フィクションとノンフィクション），**Comic books**（漫画）が**月額10ドル**で利用できます。そして before April 30（4月30日まで）にサービスを開始すると，You can **get 20% off the price for the first month**（初月の料金が20%割引になります）とあります。

解答を絞り込もう

① a novel on history and a **fashion magazine** online（オンラインで歴史小説やファッション誌が）

② and **listen to the books** you choose from your book list（ブックリストから選んだ本を聞けたり）

ファンブックスの会員特典として得られないのは，**雑誌，新刊の書籍，オーディオブック，1か月間の無料お試し**であることがわかります。よってそれらを含む①，②は不正解となります。

Funbooks $10　Megabooks $12　Omnibooks $15

③ both fiction stories and comics at the lowest basic fee（小説と漫画の両方を最安値の基本料金で）

fiction stories（フィクション）**と comics**（漫画）が読めて，使用料金が **at the lowest basic fee**（最安値の基本料金で）であるのは**ファンブックスの会員**なので，③が正解となります。

具体的な数値 10 ドルを抽象的な言い方 at the lowest basic fee にまとめています。

④ comic books for **the first two months for $10**（最初の 2 か月間は漫画を 10 ドルで）

問いの **on April 10**（4 月 10 日に）は，**before April 30**（4 月 30 日までに）会員になれば，という条件に当てはまるので，**最初の 1 か月間は 20%割引があります**。その割引を考慮するとファンブックスの会員は，**初月と次の月は（8 ドル＋10 ドル）合計 18 ドル支払うことになります**。よって④は不正解となります。

重要語句

□ at the lowest basic fee 最安値の基本料金で

問3 **正解** ④

解答の見通しをたてよう

問3 EVEREAD needs its users to (　　　).

エヴァリード利用者に必要なことは何かが問われています。問1と同様，表を確認して，表から確認できない情報があれば本文を見ていきましょう。**選択肢から表や本文に戻るスキャニングで**正解を導きます。

解答の根拠を探して解答を絞り込もう

What you get	Membership Options (monthly fee)		
	Funbooks ($10)	Megabooks ($12)	Omnibooks ($15)
Reading online and offline	●	●	●
Original app	●	●	●
Fiction and Non-fiction	●	●	●
Comic books	●		●
Magazines		●	●
Newly published books			●
Audiobook			●
Free trial for one month			●

① **download** some data of books（書籍のデータをダウンロードする）
ダウンロードに関しては，表からは絞り切れません。With any plan（どのプランでも）で始まる第2段落3文目に，You can read both online and offline（オンラインとオフラインの両方で読める）とあり，直後で online と offline では何が違うかが補足説明されています。直後に，ダウンロードすれば without being connected to the Internet（インターネットに接続しなくても）でも読むことができると書いてあります。つまり，offline で読むなら download が必要であるということになります。逆に online であれば download は不要であると考えられます。したがって，**全ての利用者が本のデータをダウンロードする必要はない**ので，①は不正解となります。

② have their own **credit cards**（自分のクレジットカードを持っている）

★ You can pay: by credit card / through an ATM.（お支払いは，クレジットカードまたはATMの振込でできます。）

表からは確認できませんが，注意事項の2つ目に by credit card / through an ATM（クレジットカードまたはATMの振込で）とあるので，クレジットカードを持っていなくても支払い可能とわかりますので，②は不正解です。

③ pay at least $12 a month to read comics（漫画を読むために月に少なくとも12ドル支払う）

表より，ファンブックスのユーザーであれば月10ドルで漫画を読むことができますので，③は不正解です。

We have **a monthly** pay system.

↓

④ pay the fee by the month（月ごとに料金を支払う）

表にも（monthly fee）とありますが，第3段落の We have a monthly pay system.（月額課金制を採用しています。）から，どの利用者も毎月支払うことがわかります。**monthly**（月1回の）が **by the month**（月ごとに）と言い換えられている④が正解となります。

重要語句

□ fee 名 料金　□ by the month 月ごとに

問4　**正解**　③

解答の見通しをたてよう

問4　What is true **about Kevin**?

ケビンについて正しい記述を選ぶ問題です。**ケビンについてはレビューにのみ登場している**ので，**レビュー**が解答の根拠の中心になります。選択肢は Megabooks, Funbooks, Omnibooks の会員資格が並んでいるので，ケビンがどの会員なのかが答えにつながることが予想できます。まず**ケビンのレビューと表を照らし合わせ，ケビンがどの会員か**を特定しましょう。

解答の根拠を探して解答を絞り込もう

ケビンのレビューと表から，ケビンがどの会員かを特定し，一致する選択肢を探します。

Kevin Taylor **March 16, 2021 at 10:12 a.m.**

Great system for reading e-books! I enjoy reading novels and cooking magazines. The app is very easy to use. Listening to a novel by my favorite author while driving has been a fresh experience for me.

What you get	Membership Options (monthly fee)		
	Funbooks ($10)	Megabooks ($12)	Omnibooks ($15)
Reading online and offline	●	●	●
Original app	●	●	●
Fiction and Non-fiction	●	●	●
Comic books	●		●
Magazines		●	●
Newly published books			●
Audio books			●
Free trial for one month			●

ケビンのレビューの **Listening to a novel by my favorite author while driving**（運転中に大好きな作家の小説を聞く）が表の **Audio books**（オーディオブック）に該当することから，**ケビンはオムニブックスの利用者であることが特定できます**。

① He enjoys the advantages of **Megabooks**.（彼はメガブックスの利点を享受している。）
メガブックスのユーザーであると述べているため，①は不正解です。

② He is a user of **Funbooks**.（彼はファンブックスの利用者である。）
ファンブックスのユーザーであると述べているため，②は不正解です。

③ He reads e-books as an **Omnibooks** member.（彼はオムニブックスの会員として電子書籍を読んでいる。）
オムニブックスの利用者であると述べているため，③が正解となります。

④ He reads magazines for car drivers.（彼は車のドライバー向けの雑誌を読んでいる。）
レビューにあるのは cooking magazines（料理雑誌）なので，④は不正解です。

重要語句

□ advantage 名 利点

問題文と設問の訳

あなたは電子書籍サービスの利用を考えています。いくつかのプランを紹介している会社のウェブサイトにアクセスしています。

エヴァリード

コストや紙の本の保管場所を気にすることなく，ストレスなく読書を楽しみましょう！ スマートフォンやタブレット端末さえあれば，様々な種類の書籍や雑誌を読むことができます。私どもの便利なアプリを使えば，今までで最も便利な読書体験をすることができます。

どのプランでも，国内で販売されている100万冊もの書籍をいつでもどこでも利用することができます。あなたが読んだ本に基づいて，おすすめの本をご紹介します。オンラインとオフラインの両方で読めるので，一度本のデータをダウンロードすれば，インターネットに接続しなくても読むことができます。オムニブックスの読者であれば，最新の作品を読むことができ，オーディオブックとしても楽しむことができます。

月額課金制を採用しています。お好みやご予算に応じて，3種類の会員オプション，ファンブックス，メガブックス，オムニブックスからお選びいただけます。

得られるもの	会員オプション（月額）		
	ファンブックス（10ドル）	メガブックス（12ドル）	オムニブックス（15ドル）
オンライン・オフラインでの読書	●	●	●
オリジナルアプリ	●	●	●
フィクションとノンフィクション	●	●	●
漫画	●		●
雑誌		●	●
新刊			●
オーディオブック			●
1か月間の無料お試し			●

★ オムニブックスの初月無料お試しを申し込むことができます。トライアル開始には，お支払いに関する情報が必要です。

★ お支払いは，クレジットカードまたはATMの振込でできます。

★ 4月30日までの利用開始で，初月の料金が20%割引になります。

詳細は**こちら**をクリックしてください。

レビュー&コメント

ケビン・テイラー **2021年3月16日 10:12 a.m.**

電子書籍を読むためのすばらしいシステムです！ 私は小説や料理雑誌を読んで楽しんでいます。アプリはとても使いやすいです。 運転中に大好きな作家の小説を聞くのは，私にとって新鮮な体験です。

問1 プランの利用者全員が（　　　）ことができる。

① 初月と翌月の支払いを避ける

② 自分の好みに基づいて本を提案してもらう

③ この会社から紙の本を送ってもらう

④ インターネット上でのみデジタルブックを読む

問2　4月10日にファンブックスの利用者になると，(　　　)読める。
① オンラインで歴史小説やファッション誌が
② ブックリストから選んだ本を聞けたり
③ 小説と漫画の両方を最安値の基本料金で
④ 最初の2か月間は漫画を10ドルで

問3　エヴァリードはその利用者が(　　　)ことを必要とする。
① 書籍のデータをダウンロードする
② 自分のクレジットカードを持っている
③ 漫画を読むために月に少なくとも12ドル支払う
④ 月ごとに料金を支払う

問4　ケビンについて，どのようなことが言えるか。
① 彼はメガブックスの利点を享受している。
② 彼はファンブックスの利用者である。
③ 彼はオムニブックスの会員として電子書籍を読んでいる。
④ 彼は車のドライバー向けの雑誌を読んでいる。

★★ LESSON 8

フードデリバリーのプレゼンテーション

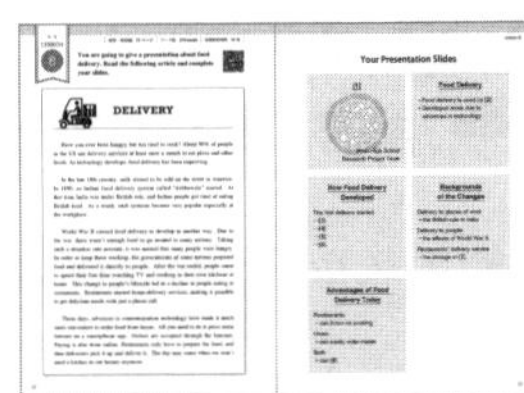

正解　問1 ④　問2 ④　問3 ②→①→④→③
問4 ④　問5 ②

全体像をつかもう

You are going to give a presentation about food delivery. Read the following article and complete your slides.

リード文からフードデリバリーの記事とそのスライドを完成させる必要があると理解する。

第1段落
アメリカのフードデリバリーサービスの現状

第2段落
1890年にフードデリバリーサービスが始まった。

第3段落
第二次世界大戦により，フードデリバリーは発展した。

第4段落
最近のフードデリバリー

DELIVERY

Have you ever been hungry but too tired to cook? About 90% of people in the US use delivery services at least once a month to eat pizza and other foods. As technology develops, food delivery has been improving.

In the late 18th century, milk started to be sold on the street in America. In 1890, an Indian food delivery system called "dabbawala" started. At that time India was under British rule, and Indian people got tired of eating British food. As a result, such systems became very popular especially at the workplace.

World War II caused food delivery to develop in another way. Due to the war, there wasn't enough food to go around in many nations. Taking such a situation into account, it was natural that many people were hungry. In order to keep them working, the governments of some nations prepared food and delivered it directly to people. After the war ended, people came to spend their free time watching TV and cooking in their own kitchens at home. This change in people's lifestyle led to a decline in people eating at restaurants. Restaurants started home-delivery services, making it possible to get delicious meals with just a phone call.

These days, advances in communication technology have made it much more convenient to order food from home. All you need to do is press some buttons on a smartphone app. Orders are accepted through the Internet. Paying is also done online. Restaurants only have to prepare the food, and then deliverers pick it up and deliver it. The day may come when we won't need a kitchen in our homes anymore.

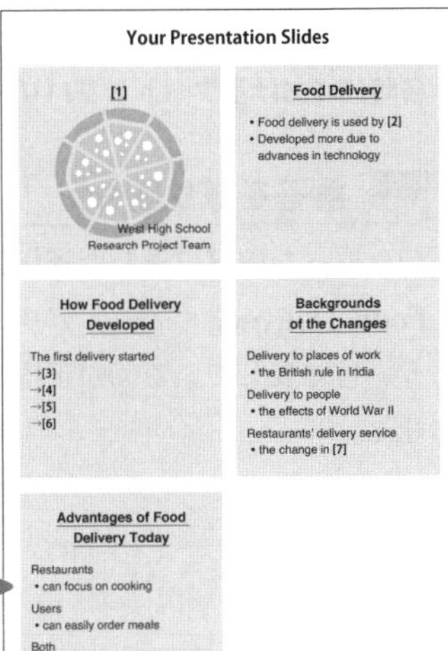

問いにcomplete your slides（スライドを完成させよ）とある場合はスライドも本文の内容を理解するヒントになる。

重要語句

□ delivery 名 デリバリー，配達　□ at least 少なくとも　□ once a month 月に1回　□ as 接 ～するにつれて
□ develop 動 発達する，発展する　□ improve 動 よくなる，改善される　□ rule 名 支配，統治
□ get tired of ～ ～に飽きる　□ as a result その結果　□ especially 副 特に　□ workplace 名 職場
□ World War Ⅱ 第二次世界大戦　□ due to ～ ～のために　□ go around 行き渡る
□ take ～ into account ～を考慮に入れる　□ keep + O + *do*ing Oを～させたままにする　□ government 名 政府
□ come to *do* ～するようになる　□ spend time *do*ing (時間)を～して過ごす　□ lifestyle 名 生活様式
□ decline 名 減少，低下　□ home-delivery 形 宅配の　□ make it possible to *do* ～することを可能にする
□ advance 名 進歩，発達　□ communication technology 通信技術　□ press 動 ～を押す　□ app 名 アプリ
□ accept 動 ～を受け入れる　□ not ～ anymore もはや～ない　□ effect 名 影響　□ focus on ～ ～に集中する

問1 **正解** ④

解答の見通しをたてよう

問1 Choose **the best title** for your presentation. **[1]**

このプレゼンテーションの**タイトルを選ぶ**問題です。**[1] に入るタイトル**は，本文の一部分ではなく**全体に当てはまる内容である**ことに注意しましょう。つまり，タイトルに関する問題は1問目に出題されていても，**必ず全体の内容を把握して解く**ようにしましょう。

解答の根拠を探そう

本文全体で述べられている**一貫したテーマ**を探しましょう。

第1段落　アメリカのフードデリバリーサービスの現状

第2段落　**In 1890**（1890年）

第3段落　**World War** Ⅱ（第二次世界大戦），**After the war ended**（戦後）

第4段落　**These days**（今日）

各時代におけるフードデリバリーが紹介されていることがわかります。

解答を絞り込もう

読み取った内容に適した選択肢を探します。

Food Delivery（フードデリバリー）に関する時代の流れを **history**（歴史）という一言で表している④が正解となります。他の選択肢は一貫したテーマとは言えません。

重要語句

□ survive 動 生き残る

問2 **正解** ④

解答の見通しをたてよう

問2 Choose the best item for the **Food Delivery** slide. **[2]**

スライド **Food Delivery**（フードデリバリー）の **[2]** に入る内容を選ぶ問題です。スライドでは Food delivery is **used** by **[2]**（フードデリバリーは **[2]** に利用されている）から，**利用者に関する記述を探せばよい**とわかります。

解答の根拠を探そう

Have you ever been hungry but too tired to cook? About 90% of people in the US **use delivery services** at least once a month to eat pizza and other foods. As technology develops, food delivery has been improving.

第1段落2文目にまさに**use**（使う）という語が使われています。この周辺を見ていきましょう。

About 90% of people in the US use delivery service at least once a month（アメリカ合衆国では，約90%の人が少なくとも月に1回，デリバリーサービスを利用している）ことが読み取れます。

解答を絞り込もう

① **few** American people twelve times **or less** a year（年に12回かそれ以下で数人いるかいないかのアメリカ人）

few（数人いるかいないかの）と or less（〜以下）が誤りです。

② **few** American people twelve times or more a year（年に12回かそれ以上で数人いるかいないかのアメリカ人）

few（数人いるかいないかの）が誤りです。

③ most American people twelve times **or less** a year（年に12回かそれ以下でほとんどのアメリカ人）

or less（〜以下）が誤りです。

About 90% of people in the US use delivery services **at least once a month** ...

④ most American people twelve times or more a year（年に12回かそれ以上でほとんどのアメリカ人）

About 90% of people in the US（アメリカ合衆国では約90%の人）を**most American people**（ほとんどのアメリカ人）に，**at least once a month**（少なくとも月に1回）を**twelve times or more a year**（年に12回かそれ以上）に言い換えている④が正解となります。

重要語句

□ few 形 ほとんどない　□ 〜 or less / 〜 or more 〜以下／〜以上

問3　**正解**　②→①→④→③

解答の見通しをたてよう

問3　Put the four items in the order in which they happened to complete the **How Food Delivery Developed** slide. **[3]** ～ **[6]**

スライド **How Food Delivery Developed**（フードデリバリーの発展）の **[3]** ～ **[6]** に①～④の**出来事を起こった順に並べ替える**問題です。この問いは，まず選択肢に目を通し，**特徴的な単語や表現を見つけて**，本文を読み進めます。この時に**時間に関する表現や英文の時制に注意**しましょう。また，**出来事が起こった順が必ずしも文中に登場した順ではない**場合もあるので，注意しましょう。

それぞれの選択肢に目を通しましょう。

① **Countries** provided meals **for their people in need for food**.（**国**は，**食べ物を必要とする人々に**食事を提供した。）

② Food whose **taste was familiar** to people was delivered.（人々が**慣れ親しんだ味**の食べ物が届けられた。）

③ **Online ordering systems** made food delivery more convenient.（**オンライン注文システム**により，フードデリバリーがより便利になった。）

④ People's way of life changed, which caused **restaurants** to deliver food.（人々の生活様式が変化したことで，**レストラン**が食べ物を配達するようになった。）

選択肢を比べてみると，フードデリバリーというシステムの発展には，「**誰が**」「**誰に**」「**何を**」「**どのように**」届けるかという観点が含まれることがわかります。
①は **Countries**（国）が **their people in need for food**（食べ物を必要とする人々）に，②は Food whose **taste was familiar**（慣れ親しんだ味の食べ物）が，③は **Online ordering systems**（オンライン注文システム）によって，④は **restaurants**（レストラン）がフードデリバリーを行うという点が特徴的であると言えます。

解答の根拠を探して解答を絞り込もう

第1段落ではアメリカのフードデリバリーサービスの現状が書かれています。最終文に food delivery has been improving（フードデリバリーは改善されてきています）とあるので，次の段落以降でフードデリバリーがどう改善されてきているかが書かれていることが予想できます。

本文を読み進めると，第２段落１文目に 18 世紀後半のアメリカでの牛乳の路上販売が出てきますが，これに該当する選択肢はありません。次に 1890 年のインド料理のフードデリバリーが出てきます。**年号は時間に関する表現**なので，時系列の把握のためにチェックしておきましょう。

２文目 In 1890, an **Indian food** delivery system called “dabbawala” started.（1890 年には，「ダバワラ」と呼ばれるインド料理の配達システムが始まりました。）の **Indian food**（インド料理）は，３文目に登場する Indian people（インド人）に届けられました。インド料理がインド人に届けられるというのは，インド人にとっては慣れ親しんだ食べ物が届けられるということなので②の **Food whose taste was familiar**（慣れ親しんだ味の食べ物）と一致しています。

次に第３段落１文目で **World War Ⅱ**（第二次世界大戦）の時代の話が出てきます。これは 20 世紀中盤の出来事で 1890 年よりも後のことです。歴史的な背景知識がなくても，in **another** way（別の形で）フードデリバリーが発展したとあることから，インドでのデリバリーの変化の**後に起こった**ことであることがわかります。

２文目 **there wasn't enough food** to go around in many nations（多くの国で行き渡るに十分な食料がありませんでした）の **there wasn't enough food**（十分な食料がない）が①の **their people in need for food**（食べ物を必要とする人々）に該当します。

また，４文目 **the governments of some nations prepared food** and delivered it directly to people（一部の国の政府は食事を作り，食べ物を直接人々に届けました）の **the governments of some nations**（一部の国の政府）が **Countries**（国）に，**prepared food**（食事を作った）が **provided meals**（食事を提供した）に言い換えられています。

この時点で②→①とわかります。

次にレストランの話が登場します。第３段落５文目に **After** the war ended（戦争が終わった**後に**）という**時間に関する表現**があり，時間の前後関係がわかります。

６文目 This change in people's **lifestyle led to ...** の **lifestyle**（生活様式）が④の **way of life** に，**led to ～**（～につながった）が **caused＋O＋to *do***（O に～させる原因となった）に言い換えられています。

また，最終文で **Restaurants** started home-delivery services（レストランは宅配サービスを始めました）と書かれています。

ここで②→①→④とつながります。

その後，第4段落ではオンラインデリバリーの話が出てきます。
1文目の**These days**（最近では）は**時間に関する表現**で，この段落では現在のデリバリーについて述べられていると考えられます。
3文目 Orders are accepted **through the Internet.**（注文はインターネットで受け付けられます。）の **through the Internet**（インターネットを通じて）が③の **Online**（オンラインの）に言い換えられています。

出来事の順番は，1890年，インド料理の配達システムが始まった→第二次世界大戦の影響で，フードデリバリーは別の形で発展した（政府が必要とする人々に食事を提供した）→レストランが食べ物を配達するようになった→オンラインの注文システムで便利になった，となります。よって，②→①→④→③が正解となります。

重要語句

□ meal 名 食事　□ in need for ～ ～を必要として　□ be familiar to ～ ～に慣れ親しむ
□ one's way of life 生活様式

問4　**正解　④**

解答の見通しをたてよう

問4　Choose the best item for the **Backgrounds of the Changes** slide. **[7]**

スライド **Backgrounds of the Changes**（変化の背景）の **[7] に入る内容を選ぶ**問題です。the change in **[7]**（**[7]** の変化）は，**Restaurants' delivery service**（レストランのデリバリーサービス）の **Restaurants** から第3段落6文目に戻り，解答の根拠を探しましょう。

解答の根拠を探そう

レストランの記述が登場する第3段落6文目の周辺を見ていきましょう。

This change in people's lifestyle led to a decline in people eating at **restaurants.** **Restaurants** started home-delivery services, making it possible to get delicious meals with just a phone call.

6文目 **This change** in people's lifestyle led to a decline in people eating at restaurants（人々の生活様式のこのような変化により，レストランで食事をする人の減少につ

ながりました）→７文目 Restaurants started home-delivery services（レストランは宅配サービスを始めました）とあります。

６文目の This change の内容も押さえておきましょう。this は前文の内容を指すことが多いです。直前を見てみると After the war ended, people came to spend their free time ... at home（戦争が終わった後に，人々は…家で余暇を過ごすようになりました）とあり，これが this change の内容であるとわかります。よって，人々が家で過ごすことが増え，レストランに行かなくなったことがレストランがデリバリーを始めた要因であるとわかります。

解答を絞り込もう

読み取った内容と一致する選択肢を探します。

① how **the number of restaurants has decreased**（レストランの数の減り具合）
the number of restaurants（レストランの数）が **has decreased**（減った）という記述は本文にありません。

② what people order in restaurants（人々がレストランで注文するもの）
what people order in restaurants は具体的には食べ物やレストランのメニューを指すと考えられますが，そのようなものの変化は本文からは読み取れません。

③ **when** people **enjoy** their **hobbies**（人々が趣味を楽しむとき）
enjoy hobbies（趣味を楽しむ）は **watching TV**（テレビを見る）や **cooking**（調理をする）の言い換えになり得ますが，when（時）に相当する表現が本文にありません。レストランの宅配サービスが，人々が趣味を楽しむ時の変化にかかわっているとは読み取れないので，③は不正解です。

④ **where** people **stay** for a long time（人々が長時間滞在する場所）
第３段落５文目にあるように，came to *do*（～するにようになった）は変化を表していて，came to spend their free time ... at home（人々は家で…余暇を過ごすようになった）ということは，人々が長く時間を過ごす場所が変わったと考えられるので，④が正解になります。この where のような**抽象度の高い言い換え**も見抜けるようになっていきましょう。

重要語句

☐ the number of ～ ～の数

問5 正解 ②

解答の見通しをたてよう

問5 Choose the best item for the **Advantages of Food Delivery Today** slide. **[8]**

スライド **Advantages of Food Delivery Today**（今日のフードデリバリーの利点）の **[8] に合う選択肢を選ぶ**問題です。スライドの **Both**（両者）とは同じスライドの **Restaurants**（レストラン）と **Users**（利用者）を指しています。スライドタイトルにある **Today** より，今日のフードデリバリーについて説明している箇所を本文から探します。ここでは **These days**（最近では）という表現のある最終段落に戻ればよいとわかります。

解答の根拠を探そう

最終段落1文目に **These days**（最近では）という表現が見つかります。この周辺を見ていきましょう。

These days, advances in communication technology have made it much more convenient to order food from home. All you need to do is press some buttons on a smartphone app. Orders are accepted through the Internet. **Paying is** also **done online**. Restaurants only have to prepare the food, and then deliverers pick it up and deliver it. The day may come when we won't need a kitchen in our homes anymore.

通信技術の発展により much more convenient to order food from home（自宅から料理を注文するのがずっと便利）になったとあり，具体的な利点が挙げられています。

2文目 **All you need to do is press some buttons on a smartphone app.**（スマートフォンのアプリでいくつかボタンを押すだけです。）3文目 **Orders are accepted through the Internet**（注文はインターネットで受け付けられます），4文目 **Paying is also done online.**（支払いもオンラインで行われます。）とあります。5文目にはレストランは only have to **prepare the food**（料理を用意するだけ）でよくなったともあります。

上記の内容を踏まえ，スライドの指す Advantages を整理していくと，料理を用意するだけでよいということはレストランにとっての利点で，アプリで簡単に注文ができることはユーザーにとっての利点です。注文と支払いがオンラインで完結するのは両者にとっての利点と考えられます。

解答を絞り込もう

① check accepted orders in person（受け付けた注文を直接会って確認する）
最終段落 4 文目 **Paying** is also done **online**.（支払いもオンラインで行われます。）とはありますが，in person（直接会って）は本文に言及がありません。

② **deal without cash**（現金なしで取引する）
Restaurants と Users の両者にとっての利点である **Paying is** also **done online**（支払いもオンラインで行われます）から，両者が現金を使わずにやりとりすることができるとわかります。そのことが **deal without cash** と表されている②が正解となります。

③ deliver prepared food by themselves（調理済みの食べ物を自分たちで配達する）
本文に言及がありません。

④ use their own kitchens to enjoy cooking（料理を楽しむために自分の家の台所を使う）
本文に言及がありません。

重要語句

□in person 直接会って　□deal 動 取引する

問題文と設問の訳

あなたはフードデリバリーについてのプレゼンテーションをすることになっています。次の記事を読んで，スライドを完成させてください。

デリバリー

お腹は空いているけれど，とても疲れていて料理ができないという経験はありませんか。アメリカ合衆国の約 90％の人が少なくとも月に 1 回，デリバリーサービスを利用してピザや他の食べ物を食べています。テクノロジーが発達するにつれて，フードデリバリーも改善されてきています。

18 世紀後半，アメリカで牛乳の路上販売が始まりました。1890 年には，「ダバワラ」と呼ばれるインド料理の宅配システムが始まりました。当時，インドはイギリスの統治下にあり，インド人はイギリス料理を食べることに飽きていました。その結果，このようなシステムが特に職場を中心に人気になったのです。

第二次世界大戦によって，フードデリバリーは別の形で発展しました。大戦の影響で，多くの国で行き渡るに十分な食料がありませんでした。そのような状況を考慮に入れると，多くの人々が空腹なのは当然のことでした。彼らが働き続けられるよう，一部の国の政府は食事を作り，食べ物を直接人々に届けました。戦争が終わった後に，人々は，家でテレビを見たり，キッチンで料理をしたりして余暇を過ごすようになりました。人々の生活様式のこのような変化により，レストランで食事をする人の減少につながりました。レストランは，ほんの一本の電話でおいしい料理が手に入る宅配サービスを始めました。

最近では，通信技術の進歩により，自宅から料理を注文することがずっと便利になりました。スマートフォンのアプリでいくつかボタンを押すだけです。注文はインターネットで受け付けられます。支払いもオンラインで行われます。レストランは料理を用意するだけで，配達員がそれを受け取り，届けてくれます。家庭にキッチンがもはや不要になる日が来るかもしれません。

プレゼンテーションのスライド

[1]

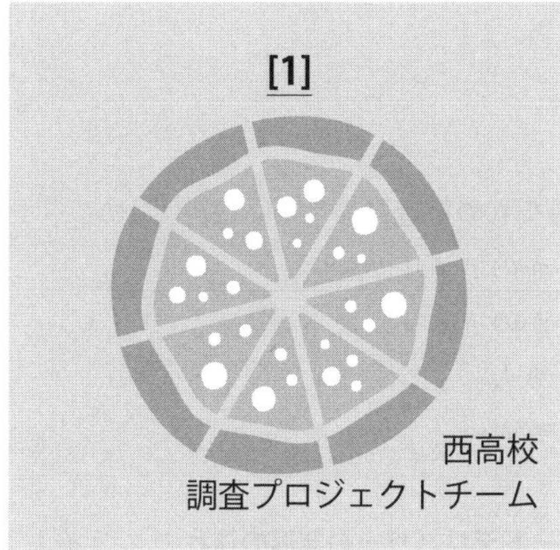

西高校
調査プロジェクトチーム

フードデリバリー

- フードデリバリーは **[2]** に利用されている
- テクノロジーの発達によりさらに進歩した

フードデリバリーの発展の流れ

最初のデリバリーが始まった
→**[3]**
→**[4]**
→**[5]**
→**[6]**

変化の背景

職場へのデリバリー
- イギリスのインド統治

人々へのデリバリー
- 第二次世界大戦の影響

レストランのデリバリーサービス
- **[7]** の変化

今日のフードデリバリーの利点

レストラン
- 調理に集中できる

利用者
- 簡単に料理を注文できる

両者
- **[8]** ことができる

問 1　プレゼンテーションに最も適切な見出しを選びなさい。**[1]**

① 生き残ったアメリカのレストラン

② ピザの最適な配達方法

③ 通信技術の発達

④ フードデリバリーの歴史

問 2　**フードデリバリー**のスライドに最も適切なものを選びなさい。**[2]**

① 年に 12 回かそれ以下で数人いるかいないかのアメリカ人

② 年に 12 回かそれ以上で数人いるかいないかのアメリカ人

③ 年に 12 回かそれ以下でほとんどのアメリカ人

④ 年に 12 回かそれ以上でほとんどのアメリカ人

問 3　4 つの項目を起こった順に並べて，**フードデリバリーの発展の流れ**のスライドを完成させなさい。**[3]** ～ **[6]**

① 国は，食べ物を必要とする人々に食事を提供した。

② 人々が慣れ親しんだ味の食べ物が届けられた。

③ オンライン注文システムにより，フードデリバリーがより便利になった。

④ 人々の生活様式が変化したことで，レストランに食べ物を配達させるようになった。

問 4　**変化の背景**のスライドに最も適切なものを選びなさい。**[7]**

① レストランの数の減り具合

② 人々がレストランで注文するもの

③ 人々が趣味を楽しむとき

④ 人々が長時間滞在する場所

問 5　**今日のフードデリバリーの利点**のスライドに最も適切なものを選びなさい。**[8]**

① 受け付けた注文を直接会って確認する

② 現金なしで取引する

③ 調理済みの食べ物を自分たちで配達する

④ 調理を楽しむために自分の家の台所を使う

問題編　26ページ

対人ロボット

正解　問1 ①　問2 ③　問3 ③　問4 ②，⑤

全体像をつかもう

リード文から，ロボットに関する内容だと理解する。

You are learning about robots in your science class. You are going to read the following passage to learn more about modern robots.

ロボットに関する説明文です。段落ごとに文章の流れをしっかり捉えていくことが大事です。

INTERPERSONAL ROBOTS

Today, Japan's robotics industry is growing larger and larger. If you look around the city, you may see robots serving customers. While the development of machines on factory production lines has certainly helped companies, "interpersonal robots" represent a new technology that we should pay attention to.

第1段落
日本のロボット産業が注目する新しい技術「対人ロボット」

Robots had the great disadvantage of being able to communicate only one way and they couldn't carry on a conversation. But now "robots that can read between the lines" have arrived! How in the world can robots communicate well with humans?

第2段落
ロボットのコミュニケーションの今と音

To begin with, we humans usually read between the lines by watching the other person's hand movements, face, and eyes. This latest robot can do almost the same thing. The researcher who made it created Deep Learning, a system which can read the movements of the other person's eyes, their voice when they laugh, and the up-and-down movement of the head when they want to agree. Using this system, he was able to create a robot that automatically understands the level of interest of the other person in a conversation and continues the conversation. State-of-the-art science and technology has solved the problem of reading human feelings, which has been a weak point for robots until now.

第3段落
人の気持ちを読み取るロボット

It is hoped that this amazing technology will be applied to the field of nursing. Perhaps, in the near future, robots that "talk like humans" will be as common as the ones we see in TV cartoons.

第4段落
ロボットの将来

重要語句

□ interpersonal 形 対人の　□ industry 名 産業　□ **比較級 + and + 比較級** ますます，さらに～
□ look around ～ ～を見渡す　□ see + O + *doing* O が～しているのを見る　□ serve 動 ～に仕える
□ customer 名 客　□ while 接 ～である一方　□ development 名 発達　□ production line 生産ライン
□ certainly 副 確かに　□ represent 動 ～を表す　□ technology 名 技術，テクノロジー
□ pay attention to ～ ～に注目する　□ disadvantage 名 欠点
□ communicate 動 コミュニケーションをとる，意思疎通を図る　□ one way 一方向で　□ carry on ～ ～を続ける
□ conversation 名 会話　□ read between the lines 行間を読む，その場の空気を読む
□ **疑問詞** + in the world ...? いったい～か（疑問詞の強調）　□ to begin with まず第一に　□ movement 名 動き
□ latest 形 最新の　□ create 動 ～を作る　□ up-and-down 形 上下の　□ automatically 副 自動で
□ interest 名 興味　□ state-of-the-art 形 最先端の　□ science and technology 科学技術　□ feelings 名 感情
□ weak point 弱点　□ until now 今まで　□ amazing 形 すばらしい　□ be applied to ～ ～に応用される
□ field 名 分野　□ nursing 名 看護　□ perhaps 副 おそらく　□ like 前 ～のように
□ as ～ as ... …と同じくらい～　□ common 形 一般的な　□ cartoon 名 漫画，アニメ

問1　**正解**　①

解答の見通しをたてよう

問1　Robots **in the past** (　　　).

過去のロボットに関して問う問題です。気をつけなくてはならないのは，本文では「過去」「現在」「未来」それぞれのロボットに関して言及しているということです。その見分け方の1つは，**動詞の時制**です。ここでは過去についての言及を探すので，過去形や過去完了（had + 過去分詞）に注目しましょう。**時間を表す表現**にも着目しましょう。

解答の根拠を探そう

各段落では，どの時点のロボットへの言及があるのか，時間を表す表現と動詞の時制に着目して整理すると以下の通りです。

第1段落：**Today**, Japan's robotics industry **is** ...「現在」のロボット
第2段落：Robots **had** the great ... / But **now** "robots that **can read** ...「**過去**」と「現在」のロボット
第3段落：**This latest** robot **can do** ...「現在の最新」のロボット
第4段落：robots that ... **will be** ...「未来」のロボット

解答の根拠は**過去についての言及がある第2段落**に絞ることができます。

「**過去**」のロボットに関する言及は第2段落1文目にあります。

Robots had **the great disadvantage of being able to communicate only one way** and they couldn't **carry on a conversation**.

the great disadvantage of being able to communicate only one way（一方的なコミュニケーションしかできないという大きな欠点）と，couldn't carry on a conversation（会話を続けられませんでした）とあります。

解答を絞り込もう

読み取った内容と一致する選択肢を探します。

the great disadvantage of being able to communicate only one way

① couldn't read information from humans well（人間から情報を読み取ることがうまくできなかった）

「一方的なのコミュニケーションしかできないという大きな欠点」が，選択肢では「人間から情報をうまく読み取ることができなかった」と言い換えられています。さらに続く文で But now "robots that can read between lines" have arrived!（しかし，今や「空気を読むロボット」が登場したのです！）と述べられていることからも，過去のロボットは「空気が読めないロボット」であったことがわかります。よって①が正解です。

② developed by using Deep Learning（ディープラーニングを使って発達した）

③ were able to communicate smoothly with humans（人間との円滑なコミュニケーションが可能だった）

④ were used only as machines in factories（工場で機械としてだけ使用された）

②，③，④のどれも解答の根拠になる第2段落1文目の内容ではありません。

重要語句

□ past 名 過去　□ information 名 情報　□ develop 動 発達する　□ smoothly 副 円滑に　□ as 前 〜として

問 2　**正解**　③

解答の見通しをたてよう

問 2　Which is **NOT** said about what **Deep Learning** can catch in the passage?

ディープラーニングが捉えることのできないものを問う問題です。キーワードは **Deep Learning** なので，言及している箇所に注目しましょう。

解答の根拠を探そう

To begin with, we humans usually read between the lines by watching the other person's hand movements, face, and eyes. This latest robot can do almost the same thing. The researcher who made it created **Deep Learning**, a system which can read the movements of the other person's eyes, their voice when they laugh, and the up-and-down movement of the head when they want to agree. Using this system, he was able to create a robot that automatically understands the level of interest of the other person in a conversation and continues the conversation. State-of-the-art science and technology has solved the problem of reading human feelings, which has been a weak point for robots until now.

Deep Learningが読み取れるものについては，第３段落３文目に書かれていて，ポイントは以下の３点です。

- the movements of the other person's eyes（相手の目の動き）
- their voice when they laugh（笑うときの声）
- the up-and-down movement of the head when they want to agree（同意したいときの頭の上下の動き）

解答を絞り込もう

読み取った内容を踏まえ，選択肢と見比べていきます。

the movements of the other person's eyes
↓
① Eye movements when the other person speaks.（相手が話すときの目の動き）
the movements of the other person's eyes（相手の目の動き）の言い換えとなっています。

---

the up-and-down movement of the head when they want to agree
↓
② Head movements when the other person agrees.（相手が同意するときの頭の動き）
the up-and-down movement of the head when they want to agree（同意したいときの頭の上下の動き）の言い換えとなっています。

---

③ Movements of the other person when reading.（読書しているときの相手の動き）
when readingのreadは後ろに目的語がないので，「読書する」（自動詞）という

意味で使われています。本文では，第３段落最後の文に reading human feelings（人間の感情を読み取る）ことについて述べられていますが，読書については述べられていません。したがって，③が正解です。

their voice when they laugh
↓
④ Sound the other person makes when laughing.（笑っているときの相手が出す音）
their voice when they laugh（笑うときの声）の言い換えとなっています。

重要語句

□ read 動 読書する

問 3 **正解** ③

解答の見通しをたてよう

問 3 According to the passage, we **humans** (　　　).

「人間」に関して問う問題です。キーワードは **humans** ですが，humans だけでなく，**we**（私たち）で表されている場合もありますので注意しましょう。

解答の根拠を探そう

we と **humans** を手がかりに，**人間について述べられている**箇所を探します。

To begin with, **we humans** usually read between the lines by watching the other person's hand movements, face, and eyes. This latest robot can do almost the same things. The researcher who made it created Deep Learning, a system which can read the movements of the other person's eyes, their voice when they laugh, and the up-and-down movement of the head when they want to agree. Using this system, he was able to create a robot that automatically understands the level of interest of the other person in a conversation and continues the conversation. State-of-the-art science and technology has solved the problem of reading human feelings, which has been a weak point for robots until now.

第３段落１文目に，we humans **usually read between the lines by watching the other person's hand movements, face, and eyes**（私たち人間は普通，相手の手の動きや顔，目を見てその場の空気を読みます）とあります。

解答を絞り込もう

読み取った内容と一致する選択肢を探します。

① aren't as good at reading emotions as robots are（ロボットほど感情を読み取るのが得意ではない）

第3段落1文目に人間は普通，相手の手の動きや顔，目を見てその場の空気を読むとあるので，ロボットと比べて感情を読み取るのが得意であると考えられます。

② have a goal of creating new robots for factories（工場用の新しいロボットを作ることを目標にしている）

第1段落最後の文に対人ロボットが注目すべき新しい技術だと言っていますが，工場用の新しいロボットを作ることが目標とは言っていません。

we humans usually **read between the lines** by **watching the other person's** hand movements, face, and **eyes.**

③ look at the other person's eyes to understand her or his feelings（相手の目を見て，相手の気持ちを理解する）

本文の read between the lines（その場の空気を読む）とは，つまり「相手の気持ちを読み取る」ということになるので understand her or his feelings（相手の気持ちを理解する）と言い換えられ，③が正解です。

④ prefer to talk about topics that interest us（自分の興味のある話題について話すことをより好む）

第3段落4文目に a robot that automatically understands the level of interest of the other person（相手の興味の度合いを自動的に理解するロボット）とありますが，選択肢の内容については述べられていません。

重要語句

□ be good at ～ ～が得意である　□ emotion 名 感情　□ prefer to *do* ～することをより好む　□ topic 名 話題

問4 **正解** ②, ⑤

解答の見通しをたてよう

問4 What can we expect from **robots in years to come**? (Choose **two options**. The order does not matter.)

in years to come（今後数年間で）とあるので，**「未来」のロボットに関して問う**問題です。そして**正解が2つある**ことにも注意しましょう。本文の動詞の時制からもわかるように，「未来」のロボットに関しては，第4段落で述べられています。

解答の根拠を探そう

It is hoped that this amazing technology will be applied to the field of nursing. Perhaps, in the near future, robots that "talk like humans" will be as common as the ones we see in TV cartoons.

「未来」のロボットに関して述べられている点は以下の2つです。

It is hoped that this amazing technology will be applied to the field of nursing.（この驚くべき技術が看護の分野に適用されることが期待されています。）

Perhaps, ... robots that "talk like humans" will be as common as the ones we see in TV cartoons.（「人間のように話す」ロボットが，テレビアニメで見るようなロボットと同じくらい一般的になっているかもしれません。）

解答を絞り込もう

読み取った内容と一致する選択肢を探します。

① Few robots are likely to be able to serve people in different situations.（様々な状況で人に仕えることができるようなロボットはおそらくほとんどいないだろう。）

本文では，客の相手をするロボットや相手の感情や興味を理解できるロボットが紹介されているので，①は不正解です。

---

robots that "talk like humans" will be as common as the ones we see in TV cartoons.

② It will be more common for robots and humans to talk to each other.（ロボットと人間が互いに会話することがより一般的になるだろう。）

robots that “talk like humans”（「人間のように話す」ロボット）が，選択肢では robots and humans to talk to each other（ロボットと人間が互いに会話する）と言い換えられています。よって②は正解です。

③ Robots that can look after people who provide care will be created.（看護をする人の世話ができるロボットが作られるだろう。）

people who provide care（看護をする人）の can look after（世話ができる）Robots will be created.（ロボットが作られるだろう）とは言われていません。

④ Robots will continue to have the weakness of not being able to understand human feelings.（ロボットは，人間の感情を理解できないという弱点を持ち続けるだろう。）

第3段落2文目の This latest robot can do almost the same thing.（この最新のロボットは，それとほぼ同じことができるのです。）とあり，これは前文から人間のようにその場の空気を読むということなので，感情を理解できないという弱点を持ち続けるわけではありません。

It is hoped that **this amazing technology** will **be applied to the field of nursing**.

⑤ Some robots that are useful for nursing care will appear.（介護に役立つロボットが現れるだろう。）

this amazing technology（このすばらしい技術）は第3段落の内容を受けて robots のことだとわかります。be applied（適用される）が be useful（役立つ）に言い換えられており，⑤も正解です。

重要語句

□few 形 ほとんど～ない　□be likely to *do* ～する可能性が高い　□situation 名 状況
□look after ～ ～の世話をする　□provide 動 ～を提供する　□continue to *do* ～し続ける　□weakness 名 弱点
□useful 形 役立つ　□nursing care 介護　□appear 動 登場する，現れる

問題文と設問の訳

あなたは科学の授業でロボットについて学んでいます。現代のロボットについてもっと学ぶために，あなたは次の文章を読もうとしています。

対人ロボット

今日，日本のロボット産業はますます大きくなっています。街を見渡せば，ロボットが接客している姿を目にすることもあるでしょう。工場の生産ラインの機械の発展は，確かに企業に貢献している一方で，「対人ロボット」は，私たちが注目すべき新しい技術を示しています。

ロボットは一方的なコミュニケーションしかできないという大きな欠点があり，会話を続けられませんでした。しかし，今や「空気を読むロボット」が登場したのです！　いったいどのようにして，ロボットが人間とうまくコミュニケーションをとれるのでしょうか。

初めに，私たち人間は普通，相手の手の動きや顔，目を見てその場の空気を読みます。この最新のロボットは，それとほぼ同じことができるのです。このロボットを作った研究者は，相手の目の動き，笑うときの声，同意したいときの頭の上下の動きを読み取ることができるシステム，ディープラーニングを作りました。このシステムを使って，会話の中で相手の興味の度合いを自動的に理解し，会話を続けるロボットを作ることができたのです。最先端の科学技術が，人間の感情を読み取るという問題を解決したのです。それは，今までロボットが苦手としていました。

この驚くべき技術が看護の分野に適用されることが期待されています。もしかしたら，近い将来，「人間のように話す」ロボットが，テレビアニメで見るようなロボットと同じぐらい一般的になっているかもしれません。

問 1　昔のロボットは（　　　）。

① 人間から情報を読み取ることがうまくできなかった
② ディープラーニングを使って発達した
③ 人間との円滑なコミュニケーションが可能だった
④ 工場で機械としてだけ使用された

問 2　本文の中で，ディープラーニングが捉えることのできるものについて述べられて**いない**ものはどれか。

① 相手が話すときの目の動き

② 相手が同意するときの頭の動き

③ 読書しているときの相手の動き

④ 笑っているときの相手が出す音

問 3　本文によると，私たち人間は（　　　）。

① ロボットほど感情を読み取るのが得意ではない

② 工場用の新しいロボットを作ることを目標にしている

③ 相手の目を見て，相手の気持ちを理解する

④ 自分の興味のある話題について話すことを好む

問 4　今後数年間で，ロボットに期待できることは何か。（選択肢を 2 つ選びなさい。順番は問わない。）

① 様々な状況で人に仕えることができるようなロボットはおそらくほとんどいないだろう。

② ロボットと人間が互いに会話することがより一般的になるだろう。

③ 看護をする人の世話ができるロボットが作られるだろう。

④ ロボットは，人間の感情を理解できないという弱点を持ち続けるだろう。

⑤ 介護に役立つロボットが現れるだろう。

Level 3

280 – 300 words

LESSON 10 ウェブサイト掲示とメール

LESSON 11 記事

LESSON 12 グラフ付説明文

LESSON 13 旅行ガイドとレビュー

LESSON 14 レポートとポスター

★★★
LESSON
10

ボランティア募集ウェブサイトと問い合わせメール

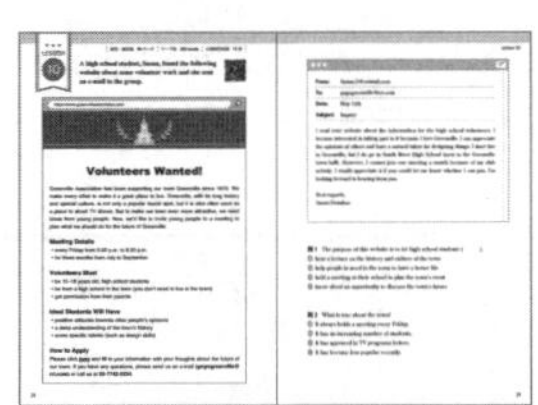

正解　問 1 ④　問 2 ③　問 3 ①　問 4 ②　問 5 ④

全体像をつかもう

リード文からウェブサイトとメールだということを理解する。

A high school student, Susan, found the following website about some volunteer work and she sent an e-mail to the group.

この問題は,「ボランティアワークのウェブサイト」(website about some volunteer work) と「それに対する (問い合わせの) メール」(an e-mail) で構成されていることがわかります。さらに, ウェブサイトから, 本文中の小見出し **Meeting Details** (会議の詳細), **Volunteers Must** (ボランティアの必須条件), **Ideal Students Will Have** (理想的な学生像), **How to Apply** (申し込み方法) に注目することで必要な情報が探しやすくなります。

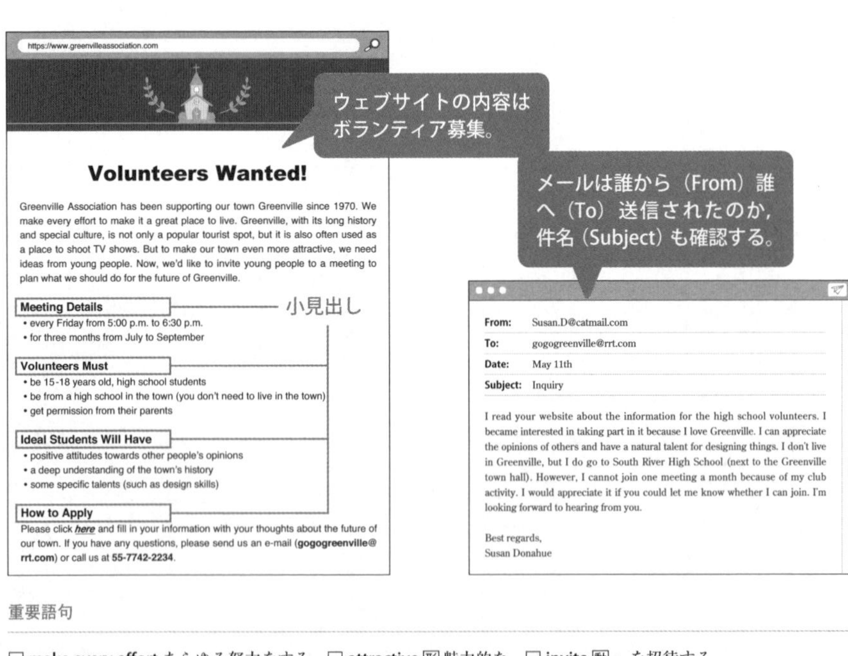
ウェブサイトの内容はボランティア募集。
メールは誰から (From) 誰へ (To) 送信されたのか, 件名 (Subject) も確認する。
小見出し

https://www.greenvilleassociation.com

Volunteers Wanted!

Greenville Association has been supporting our town Greenville since 1970. We make every effort to make it a great place to live. Greenville, with its long history and special culture, is not only a popular tourist spot, but it is also often used as a place to shoot TV shows. But to make our town even more attractive, we need ideas from young people. Now, we'd like to invite young people to a meeting to plan what we should do for the future of Greenville.

Meeting Details
- every Friday from 5:00 p.m. to 6:30 p.m.
- for three months from July to September

Volunteers Must
- be 15-18 years old, high school students
- be from a high school in the town (you don't need to live in the town)
- get permission from their parents

Ideal Students Will Have
- positive attitudes towards other people's opinions
- a deep understanding of the town's history
- some specific talents (such as design skills)

How to Apply
Please click ***here*** and fill in your information with your thoughts about the future of our town. If you have any questions, please send us an e-mail (**gogogreenville@rrt.com**) or call us at **55-7742-2234**.

From: Susan.D@catmail.com
To: gogogreenville@rrt.com
Date: May 11th
Subject: Inquiry

I read your website about the information for the high school volunteers. I became interested in taking part in it because I love Greenville. I can appreciate the opinions of others and have a natural talent for designing things. I don't live in Greenville, but I do go to South River High School (next to the Greenville town hall). However, I cannot join one meeting a month because of my club activity. I would appreciate it if you could let me know whether I can join. I'm looking forward to hearing from you.

Best regards,
Susan Donahue

重要語句

- □ make every effort あらゆる努力をする　□ attractive 形 魅力的な　□ invite 動 ～を招待する
- □ permission 名 許可　□ attitude 名 態度　□ specific 形 特定の　□ talent 名 才能
- □ take part in ～ ～に参加する　□ appreciate 動 ～を認める, ありがたく思う

問1　**正解**　④

解答の見通しをたてよう

問1　**The purpose of this website** is to let high school students (　　　).

ここで注目すべきは **The purpose of this website** です。つまり，**ウェブサイトの目的が述べられている箇所を探せばよい**とわかります。

解答の根拠を探そう

目的は，**文章や案内のタイトルや前半**で示されることが多いです。したがって，ウェブサイトの冒頭に読む範囲を絞ります。

Volunteers Wanted!

Greenville Association has been supporting our town Greenville since 1970. We make every effort to make it a great place to live. Greenville, with its long history and special culture, is not only a popular tourist spot, but it is also often used as a place to shoot TV shows. But to make our town even more attractive, **we need ideas from young people**. Now, we'd like to **invite young people to a meeting to plan what we should do for the future of Greenville**.

タイトルは Volunteers Wanted!（ボランティア募集！）ですが，問いに答えるには何をするためのボランティアを募集しているのかを理解する必要があります。**to** ～や **in order to** ～のような表現の箇所に目的の情報がある可能性が高いです。ここでは **to make our town ...**（私たちの町を～にするために）や **we'd like to ...**（私たちは～したいと思います）が**解答の根拠になる**のではと予想できます。

ウェブサイト４文目の，**we need ideas from young people**（若い人からのアイデアが必要です）から，ウェブサイトの目的は，**若い人からアイデアを得ること**だとわかります。続く５文目で，**invite young people to a meeting to a plan what we should do for the future of Greenville**（若い人たちをグリーンビルの将来のために何をすべきかを計画するための会議に招待する）と，そのことを具体的に説明しています。

LESSON 10

解答を絞り込もう

読み取った内容と一致する選択肢を探します。

① hear a lecture on the history and culture of the town（町の歴史や文化についての講演を聞いて）

本文に lecture（講義）を聞くことに関する記述がないので，①は不正解です。

② help people in need in the town to have a better life（町の困っている人が，より良い生活を送れるように支援して）

本文に困っている人々を助けることに関して記述がないので，②は不正解です。タイトルのボランティアから，people in need（困っている人）という表現に惑わされないようにしましょう。

③ hold a meeting at their school to plan the town's event（学校で町のイベントを計画するために会議を開いて）

学校で会議を開くとは述べられていません。また会議の目的は，町のイベントを計画するためではなく，町の将来のために何をすべきかを計画するためです。したがって③は不正解です。

invite young people to **a meeting to plan what we should do for the future of Greenville**

↓

④ know about an opportunity to discuss the town's future（町の未来を議論する機会について知って）

a meeting to plan what we should do for the future of Greenville（グリーンビルの将来のために何をすべきかを計画するための会議）は，グリーンビルの将来のために私たちが何をすべきか話し合うための会議です。会議をすることは議論をすることであり，④の to discuss the town's future と同じです。また，young people とは，問いの high school students のことです。invite young people（若者を招待する）とは若者が機会について知ることになるので，let high school students know about an opportunity と同じ意味と考えられます。したがって④が正解です。

重要語句

□ opportunity 名 機会

問 2 正解 ③

解答の見通しをたてよう

問 2 What is true about the town?

町について当てはまることを読み取る問題です。このタイプの問いは漠然としており，問いの情報からは解答の根拠を探すことが難しいです。そこで，**選択肢に焦点を当て，特徴的な語句から本文に戻るスキャニング**で正解を導きます。

解答の根拠を探して解答を絞り込もう

① It always **holds a meeting** every Friday.（毎週金曜日はいつも会議を開いている。）
会議の詳細は小見出しの **Meeting Details**（会議の詳細）を確認します。「毎週金曜日」は合っていますが，本文には for three months（3 か月間）と期間限定であることが読み取れるので，It always holds（いつも開催する）の部分が誤りです。

② It has an **increasing number of students.**（学生の数が増加している。）
学生の数が増えているかどうかに関する記述はありません。したがって，②は不正解です。

... often used as a place to shoot TV shows
↓
③ It has appeared in TV programs before.（テレビ番組に以前登場したことがある。）
テレビ番組に関する記述があるのは，ウェブサイトの 3 文目です。この文の後半には often used as a place to shoot TV shows と書かれており，グリーンビルがテレビ番組を撮影する場所としてよく利用されたことがわかります。このことを has appeared in TV programs before（テレビ番組に以前登場した）と言い換えた③が正解だとわかります。

④ It has become less **popular** recently.（最近人気が低くなった。）
町がどれくらい人気なのかに関する情報を確認します。本文で popular という単語が使われているのは，ウェブサイトの 3 文目です。ここでは Greenville に関して，**is not only a popular touristic spot**（人気のある観光スポットであるだけでなく）とあり，今でも人気が高いことがわかるので，④は不正解です。

重要語句

□recently 副 最近（になって）

LESSON 10

問3　**正解**　①

解答の見通しをたてよう

問3　If a high school student wants to join the meeting, **he or she must** (　　　).

ここで注目すべき表現は **he or she must** です。これは if 節の主語 a high school student の言い換えで，**高校生が会議に参加するための必須の条件が何か**を読み取る問題だと判断できます。

解答の根拠を探そう

会議に参加するための必須条件は小見出しの **Volunteers Must**（ボランティアの必須条件）にまとめられています。

Volunteers Must
- be 15-18 years old, high school students
- be from a high school in the town (you don't need to live in the town)
- get permission from their parents

Volunteers Must（ボランティアの必須条件）は，

- 15から18歳の高校生
- 町の高校に通っている（町に住んでいる必要はありません）
- 親の許可を得る

と説明されています。

解答を絞り込もう

読み取った内容と一致する選択肢を探します。

get permission from their parents
↓
① be allowed by their parents（親に許可をもらう）
get permission from their parents を be allowed by their parents（親に許可をもらう）と言い換えた①が正解です。

---

② give their information **by e-mail**（メールで自分の情報を提供する）
情報はメールではなく，ウェブサイト上で提供します。

③ have a kind of useful talent（何らかの役に立つ才能を持っている）
理想的な生徒の特徴を説明しているだけで，会議に参加するための必須条件ではありません。

④ have lived in the town for more than 10 years（10年よりも長くその町に住んでいる）
(you don't need to live in the town) にあるように，その町に住んでいる必要はありません。

問4　**正解**　②

解答の見通しをたてよう

問4　Why did Susan send an e-mail?

スーザンがメールを送った理由を読み取ればよいとわかります。

解答の根拠を探そう

探す範囲をスーザンのメールに絞り，メールを送った理由がわかる表現を探します。

I read your website about the information for the high school volunteer. I became interested in taking part in it because I love Greenville. I can appreciate the opinions of others and have a natural talent for designing things. I don't live in Greenville, but I do go to South River High School (next to the Greenville town hall). However, I cannot join one meeting a month because of my club activity. **I would appreciate it if** you could let me know whether I can join. I'm looking forward to hearing from you.

I would appreciate it if ～（～していただけるとありがたいです）が解答の根拠になります。これは，丁寧に何かを依頼する表現で，if以下には依頼する内容が入ります。ここではyou could let me know whether I can join（私が参加できるかどうかお知らせいただけると）と述べられています。

解答を絞り込もう

読み取った内容と一致する選択肢を探します。

① To ask them how to apply for what's on the website.（ウェブサイトに掲載されているものへの申し込み方法を尋ねるため。）

LESSON 10

how to apply for what's on the website（ウェブサイトに掲載されているものへの申し込みの方法を尋ねる）は，スーザンがメールを送った理由は自分が参加できるかどうかを確認することなので，①は不正解です。

you could let me know whether I can join

② To check if she will be able to volunteer for the town.（町のために彼女がボランティアできるかどうかを確認するため。）

スーザンがお願いしている内容 you could let me know whether I can join を check if she will be able to volunteer for the town（町のために彼女がボランティアできるかどうかを確認する）と言い換えている②が正解です。

③ To offer a good idea that she thought of.（彼女が考えた良いアイデアを提供するため。）

To offer a good idea（良いアイデアを提供するため）とありますが，これはスーザンがメールを送った理由にはあてはまりません。したがって③は不正解です。

④ To request some changes to the meeting.（会議に対する変更を要求するため。）

To request some changes（変更を要求するため）は，スーザンがメールを送った理由にはあてはまりません。したがって④は不正解です。

スーザンが送ったメールの 5 文目に However, I cannot join one meeting a month（しかし，月に 1 回，会議に参加することができません）と会議に関して述べられているので，同じ単語の meeting に惑わされないようにしましょう。

問 5　**正解**　④

解答の見通しをたてよう

問 5　What is true about Susan?

スーザンに関して当てはまる選択肢を選ぶ問題です。スーザンはメールの送り主なので，基本的にはメールの内容から解答の根拠を探します。問いの中に解答の根拠を探し出すキーワードが含まれていないので，**選択肢の語句から本文に戻るスキャニング**で正解を導きます。

解答の根拠を探して解答を絞り込もう

① She **covers all** the points as **an ideal volunteer**.（彼女は理想的なボランティアとしてすべての項目に当てはまる。）

ウェブサイトの小見出し **Ideal Students Will Have の情報とメールの内容を比べる**必要があります。

Ideal Students Will Have
- positive attitudes towards other people's opinions
- a deep understanding of the town's history
- some specific talents (such as design skills)

1つ目の項目 positive attitudes towards other people's opinions（他人の意見に対して前向きな態度をとれる）はメールではI can appreciate the opinions of others（私は他人の意見を認めることができます）と言い換えています。

2つ目の項目 a deep understanding of the town's history（町の歴史を深く理解している）は，メールでスーザンは触れていません。

3つ目の項目 some specific talents (such as design skills)（特定の才能（デザインの技術のような））はメールでは a natural talent for designing things（物事をデザインするための生まれつきの才能）と言い換えられています。

以上のことより，すべての項目に当てはまってはいません。

② She is **very good at drawing natural scenes**.（彼女は自然の風景を描くのがとても上手だ。）

メールの3文目 a natural talent for designing things をもとに作られた選択肢です。ここでの natural は nature（自然）の派生語ですが，山や川などを指すのではなく，「自然に持っている」→「生まれつきの」という意味で使用されています。

③ **She lives** and goes to a high school **in the town**.（彼女はその町に住んでいて，町の高校に通っている。）

ここでの in the town は Greenville を指しますが，メールの4文目 I don't live in Greenville（私はグリーンビルに住んでいません）という情報から She lives の部分が誤りだとわかります。

④ She will have to **miss three meetings** in total.（彼女は合計3回の会議を欠席しなければならない。）

LESSON 10

スーザンが会議にどれくらい欠席するかは，メールを確認します。メールの5文目にI cannot join one meeting a month（月に1回会議に参加することができません）と述べられています。次に，それが合計何回になるのかを確認します。**この回数は会議の開催期間によって左右されるため，ウェブサイトの情報と合わせて考える**必要があります。

Meeting Details

- every Friday from 5:00 p.m. to 6:30 p.m.
- for three months from July to September

小見出しの **Meeting Details**（会議の詳細）には for three months from July to September（7月から9月までの3か月間）と書かれているので，スーザンは合計3回会議を休むことになります。したがって④が正解です。

重要語句

□ cover 動 ～を網羅する，～に当てはまる　□ scene 名 風景　□ miss 動 ～を欠席する

問題文と設問の訳

高校生のスーザンは，ボランティア活動について次のウェブサイトを見つけ，その団体にメールを送信しました。

https://www.greenvilleassociation.com

ボランティア募集！

グリーンビル協会は1970年以来，私たちの町グリーンビルを支援してきました。私たちは，町をすばらしい暮らしの場にするためにあらゆる努力をしています。長い歴史と特別な文化を持つグリーンビルは，人気のある観光スポットであるだけでなく，テレビ番組を撮影する場所としてもよく使用されます。しかし，私たちの町をさらに魅力的にするには，若い人からのアイデアが必要です。そこで，若い人たちをグリーンビルの将来のために何をすべきかを計画するための会議に招待したいと思います。

会議の詳細

- 毎週金曜日の午後5時から午後6時30分まで
- 7月から9月までの3か月間

ボランティアの必須条件

- 15から18歳の高校生
- 町の高校に通っている（町に住んでいる必要はありません）
- 親の許可を得る

理想的な学生像

- 他人の意見に対して肯定的な態度をとれる
- 町の歴史を深く理解している
- 特定の才能（デザインの技術のような）を持っている

申し込み方法

ここをクリックして，あなたに関する情報を，私たちの町の将来に関する考えとともに記入してください。ご不明な点がございましたら，メール（gogogreenville@rrt.com）をお送りくださるか，55-7742-2234までお電話ください。

差出人：Susan.D@catmail.com
宛先：gogogreenville@rrt.com
日付：5月11日
件名：問い合わせ

高校生ボランティアのための情報について貴団体のウェブサイトを読みました。私はグリーンビルが大好きなので，参加することに興味を持ちました。私は他人の意見を認めることができますし，物事をデザインするための生まれつきの才能を持っています。私はグリーンビルに住んでいませんが，サウスリバー高校（グリーンビル町役場の隣）には通っています。しかし，クラブ活動のため，月に1回，会議に参加することができません。私が参加できるかどうかお知らせいただけるとありがたいです。返信を楽しみにしております。

よろしくお願いします。
スーザン・ドナヒュー

問 1　このウェブサイトの目的は，高校生に（　　　）もらうことだ。
① 町の歴史や文化についての講演を聞いて
② 町の困っている人が，より良い生活を送れるように支援して
③ 学校で町のイベントを計画するために会議を開いて
④ 町の未来を議論する機会について知って

問 2　町に関して当てはまることは何か。
① 毎週金曜日はいつも会議を開く。
② 学生の数が増えている。
③ テレビ番組に以前登場したことがある。
④ 最近人気が低くなった。

問 3　高校生が会議に参加したい場合，その人は（　　　）必要がある。
① 親に許可をもらう
② メールで自分の情報を提供する
③ 何らかの役に立つ才能を持っている
④ 10 年よりも長くその町に住んでいる

問 4　スーザンがメールを送ったのはなぜか。
① ウェブサイトに掲載されているものへの申し込み方法を尋ねるため。
② 町のために彼女がボランティアできるかどうかを確認するため。
③ 彼女が考えた良いアイデアを提供するため。
④ 会議に対する変更を要求するため。

問 5　スーザンについて当てはまることは何か。
① 彼女は理想的なボランティアとしてすべての項目に当てはまる。
② 彼女は自然の風景を描くのがとても上手だ。
③ 彼女はその町に住んでいて，町の高校に通っている。
④ 彼女は合計 3 回の会議を欠席しなければならない。

問題編　32ページ

LESSON 11 リバース・イノベーション

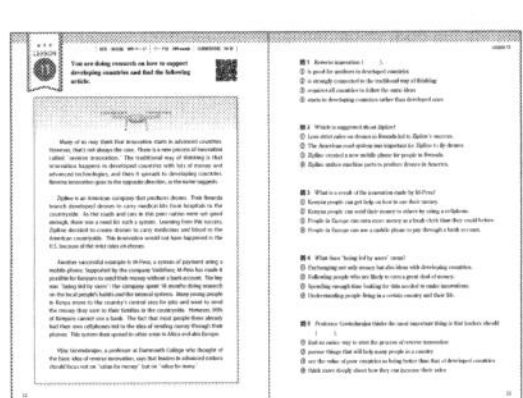

正解　問1 ④　問2 ①　問3 ②　問4 ④　問5 ②

全体像をつかもう

You are doing research on how to support developing countries and find the following article.

リード文から，発展途上国の支援に関する記事と理解する。

Many of us may think that innovation starts in advanced countries. However, that's not always the case. There is a new process of innovation called "reverse innovation." The traditional way of thinking is that innovation happens in developed countries with lots of money and advanced technologies, and then it spreads to developing countries. Reverse innovation goes in the opposite direction, as the name suggests.

Zipline is an American company that produces drones. Their Rwanda branch developed drones to carry medical kits from hospitals to the countryside. As the roads and cars in this poor nation were not good enough, there was a need for such a system. Learning from this success, Zipline decided to create drones to carry medicines and blood to the American countryside. This innovation would not have happened in the U.S. because of the strict rules on drones.

Another successful example is M-Pesa, a system of payment using a mobile phone. Supported by the company Vodafone, M-Pesa has made it possible for Kenyans to send their money without a bank account. The key was "being led by users": the company spent 18 months doing research on the local people's habits and the internal systems. Many young people in Kenya move to the country's central area for jobs and want to send the money they earn to their families in the countryside. However, 90% of Kenyans cannot use a bank. The fact that most people there already had their own cellphones led to the idea of sending money through their phones. This system then spread to other areas in Africa and also Europe.

Vijay Govindarajan, a professor at Dartmouth College who thought of the basic idea of reverse innovation, says that leaders in advanced nations should focus not on "value for money" but on "value for many."

developing countries（**発展途上国**）と **developed countries**（**先進国**）との対比が出てくることを心構えとして持っておきましょう。

第1段落
リバース・イノベーションとは

第2段落
リバース・イノベーション例1「ジップライン」

第3段落
リバース・イノベーション例2「Mペサ」

第4段落
リバース・イノベーションに対する考え方

重要語句

□ **do research on ～** ～に関して調査をする　□ **developing countries** 発展途上国
□ **innovation** 名 イノベーション，革新　□ **advanced countries** 先進国　□ **be the case** 事実である
□ **process** 名 プロセス，過程　□ **reverse** 形 逆方向の　□ **traditional** 形 伝統的な，従来の
□ **way of thinking** 考え方　□ **developed countries** 先進国　□ **spread** 動 広がる　□ **opposite** 形 反対の
□ **direction** 名 方向　□ **suggest** 動 ～を示唆する　□ **drone** 名 ドローン　□ **medical kit** 医療器具
□ **countryside** 名 田舎　□ **strict** 形 厳しい　□ **successful** 形 成功した　□ **payment** 名 支払い　□ **account** 名 口座
□ **internal** 形 内部の　□ **earn** 動 ～を稼ぐ　□ **professor** 名 教授　□ **think of ～** ～を考案する　□ **value** 名 価値

問1　**正解**　④

解答の見通しをたてよう

問1　**Reverse innovation (　　　).**

リバース・イノベーションとは何かという問題です。**言葉の定義は最初の段落でなされることが多い**です。**キーワードの Reverse innovation より第1段落に**解答の根拠を探します。

解答の根拠を探そう

Reverse innovation の説明は第1段落にあります。

Many of us may think that innovation starts in advanced countries. **However**, that's not always the case. There is a new process of innovation called "**reverse innovation**." The traditional way of thinking is that innovation happens in developed countries with lots of money and advanced technologies, and then it spreads to developing countries. **Reverse innovation** goes in the opposite direction, as the name suggests.

第1段落5文目に Reverse innovation というキーワードがあり，その文には Reverse innovation goes in the **opposite direction**（リバース・イノベーションは**逆の方向**に進みます）とあります。「**逆の方向**」とは何かを確認するため直前の4文目を見てみると，... The traditional way of thinking is that **innovation happens in developed countries ... and then it spreads to developing countries.**（従来の考え方は，イノベーションは**先進国で起こり…**，**それが発展途上国に広がっていく**というものです）とあるので，従来のイノベーションは developed countries → developing countries の方向で進むことがわかります。しかし，**reverse innovation** は「**逆の方向**」に進むので，**developing countries → developed countries の方向で進む**ことがわかります。

解答を絞り込もう

読み取った内容と一致する選択肢を探します。

① is good for mothers in developed countries（先進国の母親たちにとって良い）
本文に言及がありません。

② is strongly connected to the traditional way of thinking（従来の考え方と強く結びついている）

リバース・イノベーションは従来とは逆であると本文では述べています。

③ requires all countries to follow the same ideas（すべての国が同じ考え方に従うことを必要とする）

本文に言及がありません。

④ **starts in developing countries** rather than developed ones（先進国ではなく，発展途上国で始まる）

解答の根拠を探そうで確認した通り，リバース・イノベーションが発展途上国で始まり，先進国に広がるという内容と一致しているので，④が正解となります。

重要語句

□ be connected to ～ ～と結びついている　□ follow 動 ～に従う

問 2　**正解**　①

解答の見通しをたてよう

問 2　Which is suggested about Zipline?

Zipline（ジップライン）についての**正しい記述を選ぶ**問題です。suggested（示唆されている）とあるので，本文でそれとなく述べられていることを読み取る必要があります。**Zipline という単語から本文に戻って**解答の根拠を探しましょう。ここでは第２段落を読めば良いとわかります。

解答の根拠を探そう

Zipline is an American company that produces drones. Their Rwanda branch developed drones to carry medical kits from hospitals to the countryside. As the roads and cars in this poor nation were not good enough, there was a need for such a system. Learning from this success, **Zipline** decided to create drones to carry medicines and blood to the American countryside. This innovation would not have happened in the U.S. because of the strict rules on drones.

第２段落１文目からZiplineはドローンを製造するアメリカの会社であること，２文目からルワンダ支社が病院から田舎に医療キットを運ぶためのドローン（drones to carry medical kits from hospitals to the countryside）を開発したことがわかります。また，４文目にcreate drones to carry medicines and blood to the American countryside（アメリカの田舎に薬や血液を運ぶドローンを作る）ことに決めたと書かれています。最終文にはThis innovation would not have happened in the U.S. because of the strict rules on drones（アメリカ国内ではドローンに対する厳しい規制があるため，このようなイノベーションは起こらなかったでしょう）とあります。

Ziplineにより，**発展途上国であるルワンダ**でドローンを使った医療キットを運ぶ**サービスが生まれ**，結果的に**先進国であるアメリカに持ち込まれるリバース・イノベーションが起こった**ことが読み取れます。

解答を絞り込もう

This innovation **would not have happened in the U.S.** because of **the strict rules** on drones.

① Less strict rules on drones in Rwanda led to Zipline's success.（ルワンダでのドローン規制が厳しくないことが，ジップラインの成功につながった。）

第２段落最終文では，「ドローンに対する厳しい規制があるためアメリカ国内ではイノベーションが起こらなかっただろう」と述べられています。しかしながら，ルワンダではアメリカでできなかったイノベーションが起こっているので，「**ルワンダは規則がそれほど厳しくないので**イノベーションが起こった」ことが示唆されています。よって①が正解となります。

② **The American road system** was important for Zipline to fly drones.（アメリカの道路システムは，ジップラインがドローンを飛ばすのに重要であった。）

第２段落３文目のthe roads and cars in **this poor nation**（**この貧しい国**の道路と車）はルワンダでのことで，アメリカの道路システムのことではありません。

③ Zipline created a new mobile phone for people in Rwanda.（ジップラインはルワンダの人々のために新しい携帯電話を作った。）

本文に言及がありません。

④ Zipline **makes machine parts to produce drones** in America.（ジップラインはアメリカでドローンを製造するための機械部品を作っている。）

第２段落１文目 Zipline is an American company that produces drones. より，Zipline はドローンを作っているのであって，ドローンの機械部品を作っているわけではありません。

重要語句

□ **fly** 動 ～を飛ばす

問3 **正解** ②

解答の見通しをたてよう

問3 What is **a result of the innovation** made by **M-Pesa**?

M-Pesa（M ペサ）**によるイノベーションの結果は何か**という問題です。M-Pesa という固有名詞から第３段落に戻り，解答の根拠を探します。

解答の根拠を探そう

M-Pesa について説明している第３段落の内容を確認します。

Another successful example is **M-Pesa**, a system of payment using a mobile phone. Supported by the company Vodafone, **M-Pesa** has made it possible for Kenyans to send their money without a bank account. The key was "being led by users": the company spent 18 months doing research on the local people's habits and the internal systems. Many young people in Kenya move to the country's central area for jobs and want to send the money they earn to their families in the countryside. However, 90% of Kenyans cannot use a bank. The fact that most people there already had their own cellphones led to the idea of sending money through their phones. This system then spread to other areas in Africa and also Europe.

第３段落１文目に，M-Pesa は a system of payment using a mobile phone（携帯電話を使った決済システム）だとあります。また２文目に，M-Pesa has made it possible for Kenyans to send their money without a bank account（M ペサのおかげで，ケニア人は銀行口座がなくても送金することができるようになりました）と書かれています。3文目以降はThe key was “being led by users”（鍵となったのは「ユーザーが主導すること」）とあるので，M-Pesaの成功の理由が説明されていると予想できます。

解答を絞り込もう

① Kenyan people can get help on how to use their money.（ケニアの人々は，お金の使い方に関する支援を受けることができる。）

本文に言及がありません。

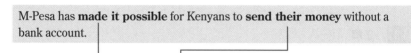

M-Pesa has **made it possible** for Kenyans to **send their money** without a bank account.

② Kenyan people can send their money to others by using a cellphone.（ケニアの人々は，携帯電話を使って自分のお金を他の人に送ることができる。）

第3段落2文目の **made it possible**（可能にした）が **can**（できる）に言い換えられています。また，**send their money**（送金する）が **send their money to others**（自分のお金を他の人に送る）と表されています。さらに，**by using a cellphone**（携帯電話を使って）は1文目のM-Pesa, a system of payment **using a mobile phone**（携帯電話を使った決済システムであるMペサ）の内容と同じです。よって，②が正解となります。

③ People in Europe can earn more money as a bank clerk than they could before.（ヨーロッパの人々は，銀行員として以前よりも多くのお金を稼げる。）

a bank account（銀行口座）の話は出てきましたが，earn more money as a bank clerk（銀行員としてより多くのお金を稼ぐ）ということは述べられていません。

④ People in Europe can use a mobile phone to pay **through a bank account.**（ヨーロッパの人々は，銀行口座を通して支払うために携帯電話を使用することができる。）

through a bank account（銀行口座を通して）ではなく，without a bank account（銀行口座がなくても）というのがM-Pesaによるイノベーションの特長です。

重要語句

□ bank clerk 銀行員

問4 **正解** ④

解答の見通しをたてよう

問4 What does "**being led by users**" mean?

第3段落3文目のフレーズ "**being led by users**" **の意味を問う**問題です。このような問題は being led by users（ユーザーが主導すること）と直訳するだけではなく，文脈も理解した上で正解を絞り込みます。

解答の根拠を探そう

第3段落3文目の "being led by users" の後ろの **:（コロン）に注目しましょう**。コロンの後には直前で述べた表現についての説明が続きます。ここではコロンの後に "being led by users" の説明が続いています。

Another successful example is M-Pesa, a system of payment using a mobile phone. Supported by the company Vodafone, M-Pesa has made it possible for Kenyans to send their money without a bank account. The key was "**being led by users**": the company spent 18 months doing research on the local people's habits and the internal systems. Many young people in Kenya move to the country's central area for jobs and want to send the money they earn to their families in the countryside. However, 90% of Kenyans cannot use a bank. The fact that most people there already had their own cellphones led to the idea of sending money through their phones. This system then spread to other areas in Africa and also Europe.

コロンの後には the company spent 18 months doing research on the local people's habits and the internal systems（その会社は18か月かけて現地の人々の習慣や地域内システムの調査を行ったのです）とあります。"being led by users" の **users** は **the local people**（現地の人）のことであると読み取れます。

解答を絞り込もう

① Exchanging not only money but also ideas with developing countries.（お金だけでなくアイデアも発展途上国と交換すること。）

本文に言及がありません。

② Following people who are likely to earn a great deal of money.（たくさんのお金を稼いでくれそうな人についていくこと。）

本文に言及がありません。

③ Spending enough time **looking for data needed to make innovations**.（イノベーションを起こすために必要なデータを探すのに十分な時間をかけること。）

looking for（探す）は第３段落３文目の doing research（調査をする）の言い換えになりそうですが，調査対象が本文では on the local people's habits and the internal systems（現地の人々の習慣や地域内システムの）と書かれているのに対して，③では，data needed to make innovations（イノベーションを起こすために必要なデータ）となっており，③は不正解です。

the company spent 18 months **doing research** on the local **people's habits and the internal systems.**

④ Understanding people living in a certain country and their life.（特定の国に住んでいる人々やその生活を理解すること。）

第３段落３文目の **doing research**（調査をする）を **Understanding**（理解する）に，**people's habits and the internal systems**（人々の習慣と地域内システム）を **people and their life**（人々とその生活）に言い換えている④が正解となります。

重要語句

□ exchange 動 ～を交換する　□ not only A but also B　A だけでなく B も　□ a great deal of ～ 大量の～
□ certain 形 特定の，とある

問 5 **正解** ②

解答の見通しをたてよう

問 5 **Professor Govindarajan thinks** the most **important** thing is that leaders **should** (　　　).

Professor Govindarajan が考えている重要なことを問う問題です。**固有名詞**の **Professor Govindarajan**（ゴビンダラジャン教授）の記述がある第 4 段落より，解答の根拠を探します。

解答の根拠を探そう

Govindarajan は第 4 段落に登場します。その後ろに，**says that** leaders in advanced nations **should**（先進国のリーダーは…**すべきと述べています**）とあるのでこのあたりが解答の根拠になりそうです。

Vijay **Govindarajan**, a professor at Dartmouth College who thought of the basic idea of reverse innovation, **says that** leaders in advanced nations **should** focus not on "value for money" but on "value for many."

先進国のリーダーは focus not on "value for money" but on "value for many."（「お金のための価値」ではなく，「多くの人のための価値」を重視する）べきだというのが Professor Govindarajan の主張だと読み取れます。

解答を絞り込もう

① find an easier way to start the process of reverse innovation（リバース・イノベーションの過程を開始するより簡単な方法を見つけること）

an easier way（より簡単な方法）については本文に言及がありません。

focus not on "value for money" but **on "value for many."**

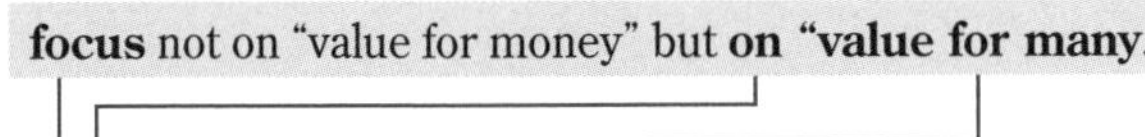

② pursue things that will help many people in a country（国内の多くの人に役立つことを追求すること）

not A but B（A ではなく **B**）となっているので，**focus on "value for many"**（「多くの人のための価値」を重視する）べきだという主張です。抽象的な表現になっているので，本文の流れを見抜く必要があります。

第 3 段落 3 文目以降に，**現地の人々の習慣や地域内システムを知ることが重要**だとあります。よって **many はその国にいる多くの「人々」**を指します。儲けるためではなく人々のための開発をすべきだと Professor Govindarajan は述べています。**focus on**（重視する）を **pursue**（追求する）に，**value for many**（多くの人のための価値）を **help many people**（多くの人々を助ける）に言い換えている②が正解となります。

③ see the **value** of poor countries as being better than that of developed countries（先進国よりも貧しい国の方が価値があると考えること）

value（価値）という言葉は使われていますが，発展途上国の価値と先進国の価値の比較については本文に言及がありません。

④ think more deeply about how they can increase their **sales**（どうすれば売り上げを伸ばすことができるのかについてより深く考えること）

sales（売り上げ）は **value**（価値）の言い換えになりそうですが，sales は教授が否定している value for money に関係するものなので，④は不正解です。また，saled（売り上げ）を money（お金）と言い換えていると考えても，本文とは逆の意味になります。

重要語句

□ pursue 動 ～を追求する　□ see A as B A を B とみなす

問題文と設問の訳

あなたは発展途上国を支援する方法について調べていたところ，次のような記事を見つけます。

私たちの多くは，イノベーションは先進国で始まると思っているかもしれません。しかし，必ずしも事実ではありません。「リバース・イノベーション」と呼ばれる新しいイノベーションの過程があります。従来の考え方は，イノベーションは大きな資金力と進んだ技術力のある先進国で起こり，それが発展途上国に広がるというものです。リバース・イノベーションは，その名が示唆するように，逆の方向に進みます。

ジップラインはドローンを製造するアメリカの会社です。ルワンダ支社では，病院から田舎に医療キットを運ぶためのドローンを開発しました。この貧しい国では道路も車も十分でなく，このようなシステムが必要だったのです。この成功に習い，ジップラインはアメリカの田舎に薬や血液を運ぶためのドローンを作ることにしました。アメリカ国内ではドローンに対する厳しい規制があるため，このようなイノベーションは起こらなかったでしょう。

もう１つの成功例は，携帯電話を使った決済システムであるＭペサです。ボーダフォン社の支援を受けたＭペサのおかげで，ケニア人は銀行口座がなくても送金することができるようになりました。鍵となったのは「ユーザーが主導すること」であり，その会社は18か月かけて現地の人々の習慣や地域内システムの調査を行ったのです。ケニアでは，多くの若者が仕事のために国の中心部に移り住み，稼いだお金を田舎の家族に送りたいのです。しかし，ケニア人の90%は銀行を利用できません。そこで，ほとんどの人がすでに携帯電話を持っていたことから，その電話を使って送金するというアイデアが出ました。それからこのシステムは，アフリカの他の地域やヨーロッパにも広まりました。

リバース・イノベーションの基本的な考え方を考案したダートマス大学のビジャイ・ゴビンダラジャン教授は，先進国のリーダーは，「お金のための価値」ではなく，「多くの人のための価値」に重点を置くべきだと述べています。

問1 リバース・イノベーションは（　　　）。

① 先進国の母親たちにとって良い

② 従来の考え方と強く結びついている

③ すべての国が同じ考え方に従うことを必要とする

④ 先進国ではなく，発展途上国で始まる

問2 ジップラインについて示唆されているのはどれか。

① ルワンダでのドローン規制が厳しくないことが，ジップラインの成功につながった。

② アメリカの道路システムは，ジップラインがドローンを飛ばすのに重要であった。

③ ジップラインはルワンダの人々のために新しい携帯電話を作った。

④ ジップラインはアメリカでドローンを製造するための機械部品を作っている。

問3 Ｍペサによるイノベーションの結果の１つは何か。

① ケニアの人々は，お金の使い方に関する支援を受けることができる。

② ケニアの人々は，携帯電話を使って自分のお金を他の人に送ることができる。

③ ヨーロッパの人々は，銀行員として以前よりも多くのお金を稼げる。

④ ヨーロッパの人々は，銀行口座を通して支払うために携帯電話を使用することができる。

問4 「ユーザーが主導すること」とはどういうことか。

① お金だけでなくアイデアも発展途上国と交換すること。

② たくさんのお金を稼いでくれそうな人についていくこと。

③ イノベーションを起こすために必要なデータを探すのに十分な時間をかけること。

④ 特定の国に住んでいる人々やその生活を理解すること。

問5 ゴビンダラジャン教授は，最も重要なことはリーダーが（　　　）であると考えている。

① リバース・イノベーションの過程を開始するより簡単な方法を見つけること

② 国内の多くの人に役立つことを追求すること

③ 先進国よりも貧しい国の方が価値があると考えること

④ どうすれば売り上げを伸ばすことができるのかについてより深く考えること

★★★
LESSON
12

若者のテレビ離れ

問題編　36ページ

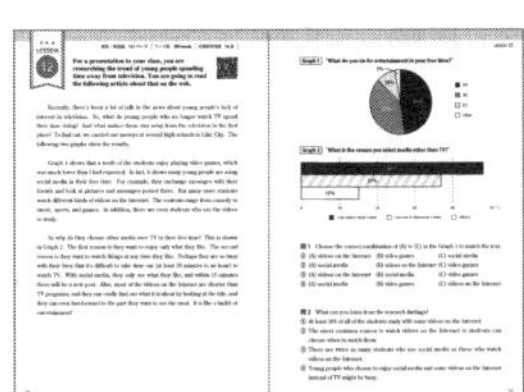

正解　問1③　問2④　問3②　問4④　問5③

全体像をつかもう

For a presentation to your class, you are researching the trend of young people spending time away from television. You are going to read the following article about that on the web.

リード文から,「若者がテレビを見ずに時間を過ごす傾向について」の記事だと理解する。

本文の内容と，グラフが2つある問題です。グラフの内容は本文の主題であることが多く，初めにグラフのタイトルを確認することで，文章全体の主題を知ることができます。
グラフ1とグラフ2のタイトルより，暇なときにテレビ以外のメディアを選ぶ人々の傾向と，その理由が本文の主題と予想できます。段落ごとのトピックとどのグラフが関連しているかを理解しながら読み進めるようにしましょう。

Recently, there's been a lot of talk in the news about young people's lack of interest in television. So, what do young people who no longer watch TV spend their time doing? And what makes them stay away from the television in the first place? To find out, we carried out surveys at several high schools in Lilac City. The following two graphs show the results.

第1段落
最近の若者のテレビ離れ

Graph 1 shows that a tenth of the students enjoy playing video games, which was much lower than I had expected. In fact, it shows many young people are using social media in their free time. For example, they exchange messages with their friends and look at pictures and messages posted there. But many more students watch different kinds of videos on the Internet. The contents range from comedy to music, sports, and games. In addition, there are even students who use the videos to study.

第2段落
生徒は空き時間に何をするかの研究結果（グラフ1）

So why do they choose other media over TV in their free time? This is shown in Graph 2. The first reason is they want to enjoy only what they like. The second reason is they want to watch things at any time they like. Perhaps they are so busy with their lives that it's difficult to take time out (at least 30 minutes to an hour) to watch TV. With social media, they only see what they like, and within 15 minutes there will be a new post. Also, most of the videos on the Internet are shorter than TV programs, and they can easily find out what it is about by looking at the title, and they can even fast-forward to the part they want to see the most. It is like a buffet of entertainment!

第3段落
テレビ以外のメディアを選ぶ理由（グラフ2）

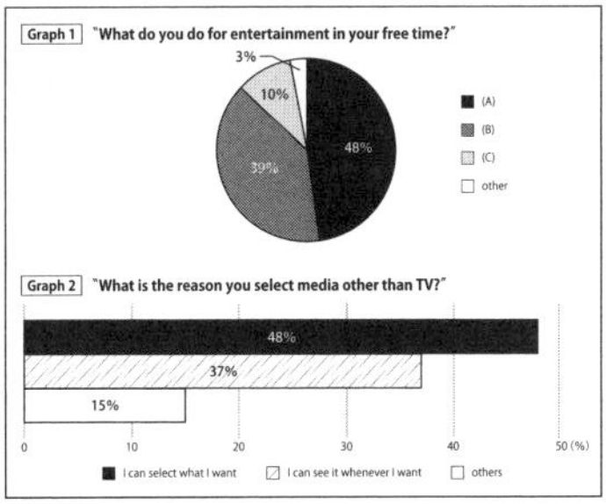

Graph 1 "What do you do for entertainment in your free time?"

48%　39%　10%　3%
■ (A)
■ (B)
□ (C)
□ other

Graph 2 "What is the reason you select media other than TV?"

48%
37%
15%
0　10　20　30　40　50 (%)
■ I can select what I want　▨ I can see it whenever I want　□ others

重要語句

□ trend 名 傾向　□ spend 動 ～を費やす，～を過ごす　□ away from ～ ～から離れて　□ talk 名 話
□ lack 名 不足　□ no longer ～ もはや～ない　□ make + O + *do* Oに～させる　□ in the first place そもそも
□ find out 明らかにする　□ carry out ～を実施する　□ survey 名 調査　□ several 形 いくつかの
□ following 形 次の，以下の　□ video game テレビゲーム　□ in fact 実際　□ social media ソーシャルメディア
□ exchange 動 ～を交換する　□ post 動 ～を投稿する　□ many more ～ さらに多くの～　□ kind 名 種類
□ content 名 内容　□ range 動 及ぶ　□ comedy 名 お笑い　□ in addition 加えて　□ even 副 ～さえ
□ over 前 ～よりも　□ at any time いつでも　□ perhaps 副 おそらく～だろう　□ take time out 時間をとる
□ at least 少なくとも　□ with ～ 前 ～を使って　□ within ～ 前 ～以内に　□ post 名 投稿　□ title 名 タイトル
□ fast-forward to ～ ～まで早送りする　□ buffet 名 ビュッフェ　□ entertainment 名 娯楽

問1　**正解　③**

解答の見通しをたてよう

問1　Choose **the correct combination** of (A) to (C) in the **Graph 1** to match the text.

グラフ1の内訳に関して問う問題です。グラフのタイトルからトピックを読み取り，本文から解答の根拠を探します。

解答の根拠を探して解答を絞り込もう

グラフ1のタイトルは，「あなたは暇な時間に娯楽として何をしますか」です。第2段落がGraph 1 shows ... で始まっているので，第2段落の内容を確認しましょう。

Graph 1 shows that **a tenth** of the students enjoy playing video games, which was much lower than I had expected. In fact, it shows **many** young people are using social media in their free time. For example, they exchange messages with their friends and look at pictures and messages posted there. But, **many more** students watch different kinds of videos on the Internet. The contents range from comedy to music, sports, and games. In addition, there are even students who use the videos to study.

わかることは，以下の4点です。順位を表現する**数量表現**や**比較表現**に注目してみましょう。

- **a tenth** of the students enjoy playing video games（10分の1の生徒がテレビゲームを楽しんでいる）
- **many** young people are using social media（多くの若者がソーシャルメディアを利用している）
- **many more** students watch different kinds of videos on the Internet.（さらに多くの生徒がインターネットで様々な種類の動画を見ている）
- there are even students who use the videos to study（動画を使って勉強する生徒さえいる）

まず初めに，テレビゲームをする生徒の数は，**a tenth**（10分の1）と表されていることから，グラフ1で，全体（100%）の10分1，つまり10%を示している (C) がvideo games（テレビゲーム）とわかります。さらに，3つ目に出てきているインターネット上の動画を見ている生徒の数は，その前に出てきたソーシャルメディアを利用する生徒の数よりも多いことが**many more**（さらに多くの）という表現からわかります。以上，利用する生徒の数が多い順に並べると，インターネット上の動画→ソーシャルメディア→テレビゲームとなりますので，③が正解となります。

問2　**正解**　④

解答の見通しをたてよう

問2　What can you learn from **the research findings**?

調査結果からわかることが問われています。調査結果に関しては，第2段落で説明されています。第3段落以降でも考察が述べられていて解答の根拠を探す範囲が広いため，選択肢に焦点を当て，**特徴的な語句から本文に戻るスキャニング**で正解を導きます。

解答の根拠を探して解答を絞り込もう

① At least 10% of all of the students **study with some videos on the Internet**.（全体の少なくとも10%の生徒が，インターネット上の動画で勉強をしている。）

インターネット上の動画で勉強している生徒に関しては，第2段落最終文でのみ触れられています。In addition, there are even students who use the videos to study.（さらには，動画を使って勉強する生徒さえいます。）とだけ書かれており，その割合に関しては触れられていません。よって，①は不正解となります。

---

② **The most common reason to watch videos on the Internet** is students can choose **when to watch them**.（インターネットで動画を見る最も一般的な理由は，生徒が自分で見る時間を選べるからである。）

インターネットで動画を見る理由に関する選択肢です。グラフ2で，テレビ以外のメディアを選ぶ理由がまとめられているので確認していきます。グラフ2で一番割合が多いのは，**I can select what I want**（見たいものを選べる）です。よって，「生徒が自分で見る時間を選べるから」ではないので，②は不正解となります。

---

③ There are **twice as many students** who **use social media** as those who **watch videos on the Internet**.（ソーシャルメディアを利用する生徒は，インターネットで動画を見る生徒の2倍いる。）

問1の答えからグラフ1で確認すると，インターネット上の動画を見る生徒は48%，ソーシャルメディアを使用する生徒は39%です。39%の2倍は48%ではないので，③は不正解となります。

Perhaps **they** are so **busy** with their lives that it's difficult to take time out (at least 30 minutes to an hour) to **watch TV**.

④ Young people who choose to enjoy social media and some videos on the Internet instead of TV might be busy.

（テレビではなくソーシャルメディアやインターネット上の動画を楽しむことを選ぶ若者は，忙しいのかもしれない。）

第3段落5文目に，Perhaps **they** are so **busy** with their lives that it's difficult to take time out (at least 30 minutes to an hour) to **watch TV**.（おそらく生活に追われていて，テレビを見るための時間（少なくとも30分から1時間）をとることが難しいのかもしれません。）とあります。第3段落には「テレビ以外のメディアを選ぶ理由」が書かれているので，このtheyは「テレビではなくソーシャルメディアやインターネットの動画を楽しむことを選ぶ若者」のことを指しているとわかります。よって④が正解となります。

重要語句

□ common 形 一般的な　□ twice 副 2倍で　□ those who ～ ～する人々　□ instead of ～ ～ではなくて
□ might 助 ～かもしれない

問3　**正解**　②

解答の見通しをたてよう

問3　Choose one of the following that is **NOT presented as videos that young people watch.**

若者が見ると述べられていない動画の内容が問われています。動画のコンテンツについては第2段落最終文に記述があります。

解答の根拠を探して解答を絞り込もう

問いの videos that young people watch を手がかりにすると次の箇所が見つかります。

Graph 1 shows that a tenth of the students enjoy playing video games, which was much lower than I had expected. In fact, it shows many young people are using social media in their free time. For example, they exchange messages with their friends and look at pictures and messages posted there. But many more **students watch different kinds of videos on the Internet**. The contents range from comedy to music, sports, and games. In addition, there are even students who use the videos to study.

The contents range from comedy to music, sports, and games.（その内容は，お笑い，音楽，スポーツ，ゲームなど多岐にわたります。）

In addition, there are even students who use the videos to study.（さらには，動画を使って勉強する生徒さえいます。）

つまり，お笑い・音楽・スポーツ・ゲーム・勉強以外の選択肢を選べば良いということになります。

選択肢を確認すると，

① Videos of **a rock band's performance**（ロックバンドによる演奏の動画）

② Videos of how to cook delicious dishes（おいしい料理の作り方の動画）

③ Videos of how to play a fantasy **game**（ファンタジーゲームの遊び方の動画）

④ Videos of tips for a **marathon**（マラソンのコツの動画）

該当するものがないのは料理の動画なので，②が正解となります。

重要語句

□ performance 名 演奏　□ how to *do* ～の仕方　□ fantasy 名 ファンタジー　□ tip 名 コツ，ヒント
□ marathon 名 マラソン

問4　**正解**　④

解答の見通しをたてよう

問4　According to the passage and the graph, **TV programs** (　　　).

テレビ番組に関して問われています。テレビは本文の様々なところで言及されてい

るので，**選択肢から本文に戻るスキャニング**で正解を導きます。

解答の根拠を探して解答を絞り込もう

本文でテレビについて確認しましょう。

第１段落　若者のテレビ離れ

第２段落＋グラフ１　調査結果として若者がテレビを見ないことが判明

第３段落＋グラフ２　テレビが選ばれない理由

① are convenient because **students can pick what they want**（生徒が自分の望むものを選ぶことができるので便利だ）

これは若者が**テレビ以外**のメディアを好む理由です。テレビ以外のメディアを好む理由はグラフ２でまとめられています。グラフの中の I can select what I want（見たいものを選べる）が，選択肢では students can pick what they want（生徒が自分の望むものを選ぶことができる）と言い換えられていますが，これはテレビを好む理由ではありません。さらに本文でも，テレビ以外のメディアを好む理由として第３段落６文目に With social media, they only see what they like（ソーシャルメディアでは，彼らは自分の好きなものだけ見る），７文目に they can easily find out what it is about by looking at the title（タイトルを見れば（インターネット上の動画は）どんな内容なのかすぐにわかる）とあります。よって①は不正解です。

② are often **the same length as the videos** that students like（生徒が好きな動画とたいてい同じ長さである）

テレビと他のメディアの長さの比較（テレビのデメリットと他のメディアのメリット）は第３段落７文目に説明されています。

Also, most of the videos on the Internet are shorter than TV programs（また，インターネット上の動画の大半はテレビ番組よりも短い）とあることから②は不正解となります。

③ have **less content** for comedy and music than videos（動画よりお笑いや音楽のコンテンツが少ない）

テレビのデメリットは第３段落で説明されています。しかし，コンテンツの面で他のメディアに劣っているという内容は一切説明がありませんので③は不正解となります。

④ may not be for people who want to enjoy things **on their own time**（自分の時間に物事を楽しみたい人には向かないかもしれない）

「テレビは～な人には向かないかもしれない」という内容の選択肢なので，テレビのデメリットについて書かれている箇所を探します。第3段落では，テレビ以外のメディアを選ぶ理由が書かれていましたが，これは裏を返すとテレビが選ばれない理由，つまりテレビのデメリットと考えられます。したがって，第3段落から解答の根拠を探します。第3段落4文目に，The second reason is they want to **watch things at any time they like**. Perhaps they are so busy with their lives that it's difficult to take time out (at least 30 minutes to an hour) to watch TV.（第2の理由は，好きな時間に見たいということです。おそらく生活に追われていて，テレビを見るための時間（少なくとも30分から1時間）をとることが難しいでしょう。）と書かれています。つまり，**他のメディアであれば watch things at any time they like**（好きなときに見られる）**が，テレビは好きなときに見られないというデメリットがある**ということを表しています。よって，自分の好きな時間に楽しみたい人には不向きということになり，④が正解となります。

重要語句

□ convenient 形 便利な　□ length 名 長さ　□ less ～ than ... …より少ない～

問5　**正解　③**

解答の見通しをたてよう

問5　Which of the following can be learned from the text?

本文にあてはまることが問われています。**選択肢のキーワードから本文に戻るスキャニング**で正解を導きます。

解答の根拠を探して解答を絞り込もう

① Students like to view messages posted on social media but they do not **post messages** themselves.（生徒は，ソーシャルメディアに投稿されたメッセージを見るのは好きだが，自分でメッセージを投稿しない。）

キーワードは **post messages**（メッセージを投稿する）です。メッセージの投稿に関して述べられているのは，第2段落3文目 they exchange messages with their friends and look at pictures and **messages posted** there.（友人とメッセージを交換したり，投稿された写真やメッセージを見たりしています。）と，第3段落6文目 they only see what they like, and within 15 minutes there will be a new **post**.（彼らは自分の好きなものだけを見て，15分以内には新しい投稿があるのです。）の2か所です。いずれも，「自分で投稿しない」には該当しないので，①は不正解となります。

---

② **The number of young people who play games** was higher than the author had thought.（ゲームをする若者の数は，筆者が考えていたより多かった。）

ゲームをする若者の数については第2段落1文目にあり，そこでは，Graph 1 shows that **a tenth of the students enjoy playing video games, which was much lower than I had expected**.（グラフ1を見ると，10分の1の生徒がテレビゲームを楽しんでいることがわかりますが，これは予想したよりはるかに少なかったです。）と書かれています。テレビゲームをする生徒の数は筆者が考えていたよりも少なかったので，②は不正解となります。

---

③ These days, young people want to have more convenience in choosing entertainment.（最近，若者は娯楽を選ぶ際により便利さを求めている。）

若者が娯楽を選ぶ理由はグラフ2と第3段落に書かれていて，その内容は次の2点です。

- I can select what I want（見たいものを選べる）
- I can see it whenever I want（見たいときにいつでも見られる）

見たいものを選べて見たいときに見られるというのは「便利である」と考えられ，選択肢の convenience（便利さ）に当てはまりますので，③が正解となります。

---

④ The time students spend watching TV is **between 30 minutes and one hour** every day.（生徒がテレビを見る時間は，毎日30分から1時間程度である。）

特徴的な表現である **between 30 minutes and one hour**（30分から1時間程度）から本文に戻ります。本文では第3段落5文目に該当します。

... it's **difficult to take time out** (at least **30 minutes to an hour**) to watch TV（テレビを見るための時間（少なくとも30分から1時間）をとることが難しい

でしょう。）より，④は不正解となります。

重要語句

□ view 動 ～を見る　□ themselves 副 彼ら自身で　□ author 名 筆者　□ these days 最近　□ convenience 名 便利さ

問題文と設問の訳

クラスに向けるプレゼンテーションのために，あなたは若者がテレビを見ずに時間を過ごす傾向について調べています。それに関する次のような記事をウェブサイトで読もうとしています。

最近，若者のテレビ離れについてニュースで話題になっています。では，テレビをもはや見なくなった若者たちは，何をして過ごしているのでしょうか。また，そもそもテレビ離れの原因は何なのでしょうか。明らかにすべく，ライラック市内の複数の高校で調査を実施しました。その結果が以下の２つのグラフです。

グラフ１を見ると，10 分の１の生徒がテレビゲームを楽しんでいることがわかりますが，これは予想したよりはるかに少なかったです。実際には，多くの若者が暇な時間にソーシャルメディアを利用していることがわかります。例えば，友人とメッセージを交換したり，投稿された写真やメッセージを見たりしています。しかし，加えて多くの生徒がインターネットで様々な種類の動画を見ています。その内容は，お笑い，音楽，スポーツ，ゲームなど多岐にわたります。さらには，動画を使って勉強する生徒さえいます。

なぜ彼らは暇な時間にテレビよりも他のメディアを選ぶのでしょうか。それを示したのがグラフ２です。第１の理由に，自分の好きなものだけを楽しみたいということが挙げられています。第２の理由は，好きな時間に見たいということです。おそらく生活に追われていて，テレビを見るための時間（少なくとも 30 分から１時間）をとることが難しいでしょう。ソーシャルメディアでは，彼らは自分の好きなものだけを見て，15 分以内には新しい投稿があるのです。また，インターネット上の動画の大半はテレビ番組よりも短く，タイトルを見ればどんな内容なのかすぐにわかりますし，一番見たいところまで早送りすることもできます。まるで娯楽のビュッフェなのです！

グラフ１「あなたは暇な時間に娯楽として何をしますか」

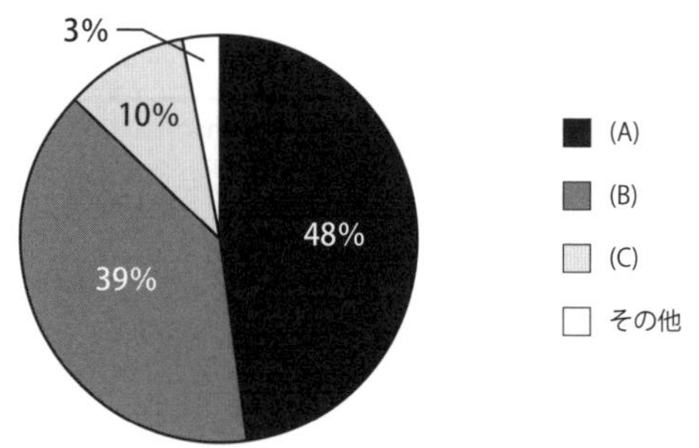

グラフ２「テレビ以外のメディアを選ぶ理由は何ですか」

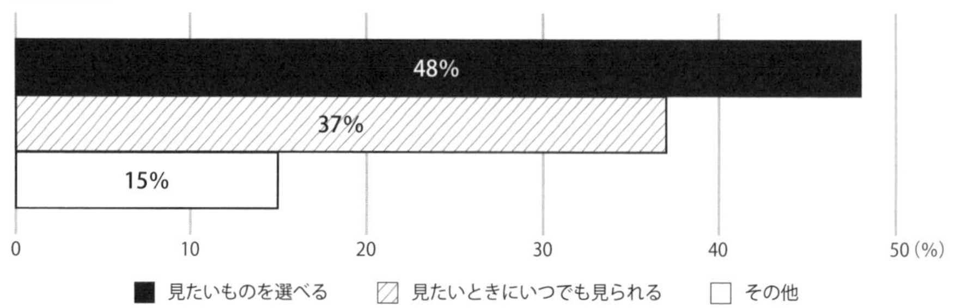

問１　グラフ１の中の（A）～（C）の正しい組み合わせを，本文に合うように選びなさい。

① （A）インターネット上の動画　（B）テレビゲーム　（C）ソーシャルメディア
② （A）ソーシャルメディア　（B）インターネット上の動画　（C）テレビゲーム
③ （A）インターネット上の動画　（B）ソーシャルメディア　（C）テレビゲーム
④ （A）ソーシャルメディア　（B）テレビゲーム　（C）インターネット上の動画

問２　調査結果からわかることは何か。

① 全体の少なくとも 10%の生徒が，インターネット上の動画で勉強をしている。
② インターネットで動画を見る最も一般的な理由は，生徒が自分で見る時間を選べるからである。
③ ソーシャルメディアを利用する生徒は，インターネットで動画を見る生徒の２倍いる。
④ テレビではなくソーシャルメディアやインターネット上の動画を楽しむことを選ぶ若者は，忙しいのかもしれない。

問 3　次のうち，若者が見る動画として述べられて**いない**ものを 1 つ選びなさい。
① ロックバンドによる演奏の動画
② おいしい料理の作り方の動画
③ ファンタジーゲームの遊び方の動画
④ マラソンのコツの動画

問 4　本文とグラフによると，テレビ番組は（　　　）。
① 生徒が自分の望むものを選ぶことができるので便利だ
② 生徒が好きな動画とたいてい同じ長さである
③ 動画よりお笑いや音楽のコンテンツが少ない
④ 自分の時間に物事を楽しみたい人には向かないかもしれない

問 5　本文からわかることは次のうちのどれか。
① 生徒は，ソーシャルメディアに投稿されたメッセージを見るのは好きだが，自分でメッセージを投稿しない。
② ゲームをする若者の数は，筆者が考えていたより多かった。
③ 最近，若者は娯楽を選ぶ際に，より便利さを求めている。
④ 生徒がテレビを見る時間は，毎日 30 分から 1 時間程度である。

問題編　40 ページ

グリーンシティートラベルガイドとレビュー

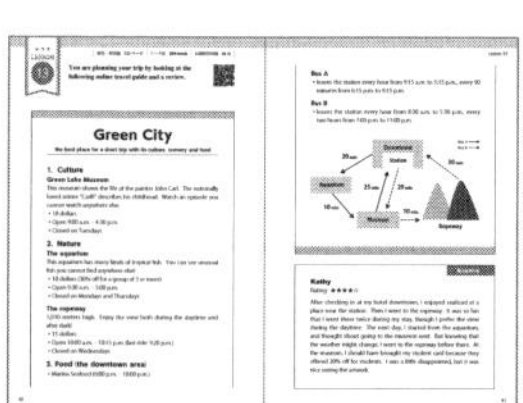

正解　問 1 ④　問 2 ②　問 3 ①　問 4 ③
問 5 ④ → ③ → ① → ③ → ②

全体像をつかもう

リード文から，旅行ガイドとそのレビューで構成されていることがわかります。

You are planning your trip by looking at the following online travel guide and a review.

旅行ガイドでは 1. Culture（文化），2. Nature（自然），3. Food（食べ物）と，ジャンルごとに観光スポットを説明しています。そのことを把握しておくと，観光スポットに関する問いに答える際に，解答の根拠を早く見つけ出せます。

Green City

the best place for a short trip with its culture, scenery and food

1. Culture

Green Lake Museum

This museum shows the life of the painter John Carl. The nationally loved anime "Carl!!" describes his childhood. Watch an episode you cannot watch anywhere else.

- 10 dollars
- Open 9:00 a.m. – 4:30 p.m.
- Closed on Tuesdays

2. Nature

The aquarium

This aquarium has many kinds of tropical fish. You can see unusual fish you cannot find anywhere else!

- 10 dollars (30% off for a group of 3 or more)
- Open 9:30 a.m. – 5:00 p.m.
- Closed on Mondays and Thursdays

The ropeway

1,010 meters high. Enjoy the view both during the daytime and after dark!

- 15 dollars
- Open 10:00 a.m. – 10:15 p.m. (last ride: 9:20 p.m.)
- Closed on Wednesdays

3. Food (the downtown area)

- Marina Seafood (6:00 p.m. – 10:00 p.m.)

Bus A

- leaves the station every hour from 9:15 a.m. to 5:15 p.m., every 90 minutes from 6:15 p.m. to 9:15 p.m.

Bus B

- leaves the station every hour from 8:30 a.m. to 5:30 p.m., every two hours from 7:00 p.m. to 11:00 p.m.

Bus A ⟶
Bus B - - - ->
Downtown Station
Aquarium
Museum
Ropeway
20 min
25 min
20 min
10 min
10 min
30 min

Review

Kathy

Rating: ★★★★☆

After checking in at my hotel downtown, I enjoyed seafood at a place near the station. Then I went to the ropeway. It was so fun that I went there twice during my stay, though I prefer the view during the daytime. The next day, I started from the aquarium, and thought about going to the museum next. But knowing that the weather might change, I went to the ropeway before there. At the museum, I should have brought my student card because they offered 20% off for students. I was a little disappointed, but it was nice seeing the artwork.

レビューは実際に観光した人の感想です。

重要語句

☐ scenery 名 景色　☐ nationally 副 全国的に　☐ describe 動 ～を描写する　☐ aquarium 名 水族館
☐ tropical 形 熱帯の　☐ unusual 形 珍しい　☐ view 名 景色　☐ daytime 名 昼間，日中
☐ check in（ホテルなどに）チェックインする　☐ prefer 動 ～をより好む　☐ offer 動 ～を提供する
☐ disappointed 形 がっかりした

問1 **正解** ④

解答の見通しをたてよう

問1 What is one fact (not an opinion) about the passage?

本文に関する**事実（fact）を読み取る**問題です。このタイプの問いは，本文の内容と一致しない選択肢だけではなく，内容が**意見（opinion）の選択肢も誤答**になります。そのような選択肢は最初に候補からはずすことで，効率的に問題を解くことができます。したがって，② The price that the museum offers for students is too high.（美術館が学生に提示している値段は高すぎる。）は，本文を読まなくてもすぐに不正解と判断できます。「値段が高い，低い」は主観的な意見だからです。

解答の根拠を探して解答を絞り込もう

問いには，解答の根拠を見つけるためのヒントとなるキーワードが含まれていません。そこで，**選択肢の特徴的な語句から本文に戻るスキャニング**で正解を導きます。

① The museum is closed **on Saturdays** throughout the year.（美術館は年間を通して土曜日が休みだ。）

美術館の説明の部分に Closed **on Tuesdays**（火曜休館）とだけ述べられています。年間を通しての休みはわかりません。よって，①は不正解です。

---

② **The price** that the museum offers for students is **too high**.（美術館が学生に提示している値段は高すぎる。）

「値段が高すぎる」は**主観的な意見**であり，事実を読み取るこの問いでは②は不正解です。また，美術館の入場券の値段に関しては，レビューの6文目で offered 20% off for students（学生には20% 割引を提供だった）と述べられているだけです。

---

③ This city is popular with people who want to have fun on **a short trip**.（この街は小旅行を楽しみたい人に人気だ。）

popular, people, fun といった単語が使われていますが，どれも抽象的で頻出している単語であるため，これらの語から解答の根拠を導き出すのは難しいです。ここでは **a short trip** に注目しましょう。

Green City

the best place for **a short trip** with its culture, scenery and food

Green City
the best place for **a short trip** with its culture, lovely scenery and food（グリーンシティー，文化，景色や食べ物があり，小旅行に最適の場所）と述べられています。選択肢では this city is popular（この街は人気だ）と述べられていますが，本文の the best place（最適の場所）だけでは，人気があるかどうかは読み取れません。よって③は不正解です。

④ You can see an anime episode not shown on TV at **the museum**.（美術館ではテレビでは放映されないアニメのエピソードを見ることができる。）

the museum（美術館）に注目します。美術館についてはトラベルガイドの **1. Culture** の箇所に述べられています。

1. Culture

Green Lake Museum

This museum shows the life of the painter John Carl. The nationally loved anime "Carl!!" describes his childhood. Watch an episode you cannot watch anywhere else.

美術館はジョン・カールという画家に関するものであること，ジョン・カールの子ども時代を描く「Carl!!」というアニメがあり，他では見られないエピソードをこの美術館で見ることができることがわかります。
アニメの **episode**（エピソード）に関して述べられている箇所を見比べてみましょう。

Watch an **episode you cannot watch anywhere else**

↓

④ You can see an anime episode not shown on TV at the museum.
episode you cannot watch anywhere else（他では見られないエピソード）が **episode not shown on TV**（テレビでは見られないエピソード）に言い換えられています。よって④が正解です。

重要語句

□ throughout 前 ～を通して

問2 **正解** ②

解答の見通しをたてよう

問2 What is one **opinion** (not a fact) about the passage?

意見を読み取る問題です。意見を読み取るので，**事実に関する選択肢は不正解**と判断できます。**選択肢の特徴的な語句から本文に戻るスキャニング**で正解を導きます。

解答の根拠を探して解答を絞り込もう

① The aquarium has the most kinds of unusual fish in the world.（水族館には世界で最もたくさんの種類の珍しい魚がいる。）

本文の内容に一致しているかどうかは重要ではありません。「最もたくさんの種類の珍しい魚がいる」が，**事実に関する内容**なので，①は不正解だと判断できます。

---

② The daytime view from **the ropeway is better** than the view at night.（ロープウェイからの昼間の眺めは夜の眺めよりも良い。）

better と**主観的な意見を表す話**が使われているので，**ロープウェイに関する意見を読み取ればよい**とわかります。意見が述べられているのはレビューで，ロープウェイに関して述べられている箇所を確認しましょう。

Kathy

Review

Rating: ★★★★☆

After checking in at my hotel downtown, I enjoyed seafood at a place near the station. Then I went to **the ropeway**. It was **so fun** that I went there twice during my stay, though I **prefer** the view during the daytime. The next day, I started from the aquarium, and thought about going to the museum next. But knowing that the weather might change, I went to the ropeway before there. At the museum, I should have brought my student card because they offered 20% off for students. I was a little disappointed, but it was nice seeing the artwork.

ロープウェイに関しては，次の文が該当します。

Then I went to **the ropeway**. It was **so fun** that I went there twice during my stay, though I **prefer** the view during the daytime.

I went to the ropeway before there.

ここで，**意見**が述べられているのはfun（楽しい），prefer（より好む）が使われている3文目です。

キャシーはI went there twice during my stay. と述べており，ロープウェイには2回行ったことがわかります。1回目は1日目で，1文目と2文目にI enjoyed seafood ...（シーフードを楽しみました），Then I went to the ropeway（それから私はロープウェイに行きました）と述べられています。シーフードの店に関してはトラベルガイドの3. Food の項目にMarina Seafood（6:00 p.m. – 10:00 p.m.）があり，シーフードは午後6時からしか食べられないことがわかります。つまり，1日目のロープウェイは夜に行ったことになります。

It was so fun that I went there twice during my stay, though I **prefer the view during the daytime**.

② The daytime view from the ropeway is better than the view at night.

2回行ったロープウェイを比べてレビューの3文目では**I prefer the view during the daytime**（昼間の景色のほうが好きです）と述べられており，そのことを②では**The daytime view from the ropeway is better than the view at night**.（ロープウェイからの昼間の眺めは夜の眺めよりも良い。）と言い換えています。よって②が正解です。

③ The price for the museum should be lower for students.（学生のために，美術館の値段をもっと安くするべきだ。）

美術館の値段に関してはレビューの6文目にI should have brought my student card because they offered 20% off for students（学生には20% 割引を提供だったので，学生証を持って行くべきでした）とあり，次の文で，そのことに関してI was a little disappointed（私は少しがっかりしました）と述べられています。しかし，美術館の「値段が高い，下げるべき」とは述べられていないので，③は不正解です。

④ The reviewer did not have her student card on that day.（その日，投稿者は学生証を持っていなかった。）

事実を述べた内容ですので，本文を確認しなくても④は不正解だとわかります。レビューの6文目にI should have brought my student card（私は学生証を持って行くべきでした）とあるので，④の内容は事実としては合っていますが，意見ではないので不正解です。

問 3　**正解**　①

解答の見通しをたてよう

問 3　If a high school student **with a student card** comes to this city with **his or her parents**, this family has to pay (　　　) dollars **for the museum, the aquarium, with the ropeway** included.

高校生 1 人とその両親（大人 2 人）で美術館，水族館，ロープウェイを回るという条件で，**必要な金額の合計を計算する**問題です。トラベルガイドの各観光スポットの説明に，そこで必要な金額が記載されています。基本的には，その金額を足して正解を導きますが，（　）書きなどで**割引情報が記載されているところは注意して計算する**必要があります。

解答の根拠を探そう

各スポットでこの家族が払う金額を確認していきます。

Green Lake Museum
This museum shows the life of the painter John Carl. The nationally loved anime "Carl!!" describes his childhood. Watch an episode you cannot watch anywhere else.

- 10 dollars
- Open 9:00 a.m. – 4:30 p.m.
- Closed on Tuesdays

1 人 10 ドルなので，3 人で 30 ドルになりそうですが，問いには a high school student **with a student card**（学生証を持った高校生）とあり，高校生は**学生証**を持っていることがわかります。
レビューの 6 文目 I should have brought **my student card** because they **offered 20% off for students**（学生には 20%割引を提供だったので，学生証を持って行くべきでした）から，学生証を持っている学生は 20%割引とわかります。したがってこの家族が美術館に払う金額は 8 ドル（10 ドルの 20%割引）＋ 10 ドル＋ 10 ドルで合計 **28 ドル**です。

The aquarium

This aquarium has many kinds of tropical fish. You can see unusual fish you cannot find anywhere else!

- 10 dollars (30% off for a group of 3 or more)
- Open 9:30 a.m. – 5:00 p.m.
- Closed on Mondays and Thursdays

水族館の入場料は 1 人 10 ドルですが，**30% off for a group of 3 or more**（3 名以上の団体で 30%割引）とあります。この家族は 3 人なので，この割引が適応され，必要な額は 30 ドルから 30%の 9 ドルを差し引いた **21 ドル**です。

The ropeway

1,010 meters high. Enjoy the view both during the daytime and after dark!

- 15 dollars
- Open 10:00 a.m. – 10:15 p.m. (last ride: 9:20 p.m.)
- Closed on Wednesdays

ロープウェイの乗車料は 1 人 15 ドルで割引情報等は特にありません。ロープウェイに乗るのに，この家族に必要な金額は 15 ドル × 3 人分の **45 ドル**です。

ここまでに計算した金額を合計すると 28 ドル + 21 ドル + 45 ドル = 94 ドルとなり，①が正解です。

重要語句

□ **pay** 動 ～を払う　□ **include** 動 ～を含める

問 4　**正解**　③

解答の見通しをたてよう

問 4　Which is most likely **the bus that the Kathy took first?**

レビューを書いた**キャシーが最初にどのバスに乗ったのかを推測する**問題です。キャシーの行動とバスのスケジュールを関連させて考える問題だと予想できるので，レビューの内容とバスの運行状況の箇所を主に確認していきます。

解答の根拠を探そう

After checking in at my **hotel downtown**, I enjoyed seafood at **a place near the station**. Then I went to **the ropeway**. It was so fun that I went there twice during my stay, though I prefer the view during the daytime. The next day, I started from the aquarium, and thought about going to the museum next. But knowing that the weather might change, I went to the ropeway before there. At the museum, I should have brought my student card because they offered 20% off for students. I was a little disappointed, but it was nice seeing the artwork.

レビューの最初の２文を確認すると，キャシーが最初にバスに乗って向かった目的地がわかります。

1文目：After checking in at my **hotel downtown,** I enjoyed seafood at **a place near the station.**（ダウンタウンのホテルにチェックインした後，駅の近くの店でシーフードを楽しみました。）

2文目：Then I went to **the ropeway.**（それから私はロープウェイに行きました。）

この２文から，キャシーは到着した後，ホテルにチェックイン→シーフードを食べる→ロープウェイ，という順序で行動したことがわかります。シーフードの店はトラベルガイドの 3. Food（the downtown area）という項目から，午後６時から 10 時の営業であることと，ダウンタウンにあることがわかるので，キャシーはロープウェイに行く際に，夜の時間にダウンタウンからバスに乗ったと考えられます。
また，本文の 3. Food の項目には Marina Seafood（6:00 p.m. – 10:00 p.m.）とあり，シーフードのお店は午後６時から始まることがわかります。つまり，キャシーはホテルにチェックインしたあとシーフードを食べるので，そのあとに乗るバスは**午後６時以降に出発するもの**でなければなりません。

次にバスについてです。

Bus A

- leaves the station every hour from 9:15 a.m. to 5:15 p.m., every 90 minutes from 6:15 p.m. to 9:15 p.m.

Bus B

- leaves the station every hour from 8:30 a.m. to 5:30 p.m. , every two hours from 7:00 p.m. to 11:00 p.m.

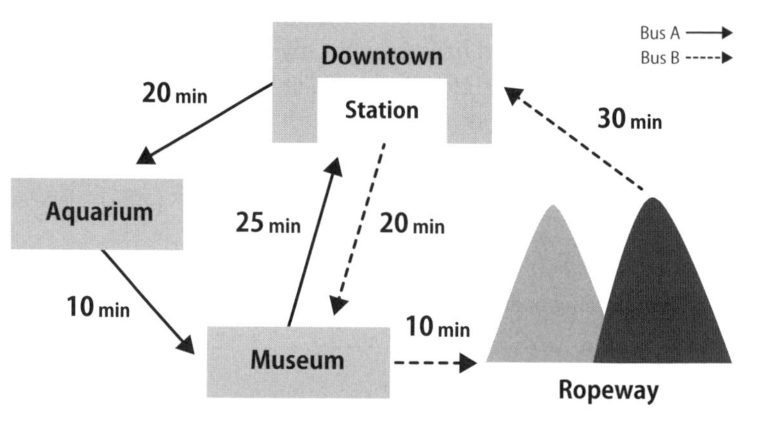

図から，バスにはAとBの2種類があることがわかります。図上に示されている所要時間を計算すると，ダウンタウンからバスAに乗って水族館経由で美術館でバスBに乗り換えてロープウェイに行くには最低でも40分かかりますが，バスBに乗れば，美術館経由の乗り換えなしでロープウェイへは30分で行くことができます。

ロープウェイの営業時間も確認する必要があります。本文にはロープウェイの営業時間は午前10時～午後10時15分とありますが，そのすぐ後ろに（**last ride : 9:20 p.m.**）と記載されていて，**last ride**とは**最終乗車時間**のことです。キャシーが乗るバスは，ロープウェイの営業が終わる午後10時15分ではなく，**最終乗車時間の午後9時20分に間に合う**必要があります。

以上のことから，キャシーが乗るバスは以下の2つの条件を満たすものです。

- 午後6時以降に出発
- ロープウェイの最終乗車時間である午後9時20分に間に合う

これらの条件と選択肢を照らし合わせましょう。

① Bus A, which leaves the station at 5:15 p.m.（午後5時15分に駅を出発するバスA）
午後6時より前に出発するバスなので，①は不正解です。

② Bus A, which leaves the station at 9:15 p.m.（午後9時15分に駅を出発するバスA）
午後6時以降のバスですが，バスAに乗ってロープウェイに行くには最低でも40分かかるので，②のバスでは最終乗車時間の午後9時20分に間に合いません。

③ Bus B, which leaves the station at 7:00 p.m.（午後7時に駅を出発するバスB）
午後6時以降のバスですが，バスBに乗ってロープウェイに行くには30分かかるので，③のバスは午後7時30分にロープウェイに到着できます。最終乗車時間に間に合うので，③が正解です。

④ Bus B, which leaves the station at 9:00 p.m.（午後9時に駅を出発するバスB）
午後6時以降のバスですが，バスBはロープウェイへの到着が午後9時30分になってしまいます。最終乗車時間に間に合わないので，④は不正解です。

重要語句

☐ **likely** 副 たぶん，おそらく

問5　**正解**　④→③→①→③→②

解答の見通しをたてよう

> **問5** Put the following spots **in the order** in which Kathy traveled in the city (You can use the choices more than once).

観光スポットをキャシーが訪れた順に並べ替えることが求められています。キャシーが書いたレビューを読んで解答を導き出します。

解答の根拠を探そう

Kathy　　**Review**

Rating: ★★★★☆

After checking in at my hotel downtown, I enjoyed seafood at a place near the station. **Then I went to the ropeway**. It was so fun that I went there twice during my stay, though I prefer the view during the daytime. The next day, I **started from the aquarium**, and thought about going to the museum next. But knowing that the weather might change, **I went to the ropeway before there**. At the museum, I should have brought my student card because they offered 20% off for students. I was a little disappointed, but it was nice seeing the artwork.

観光スポットを回った順番がわかる表現に注目していきます。

1文目：After checking in at my hotel downtown, I **enjoyed seafood**（ダウンタウンのホテルにチェックインした後，シーフードを楽しみました）

2文目：**Then I went to the ropeway**（それからロープウェイに行きました）

4文目：The next day, I **started from the aquarium**（翌日は，水族館から始めました）

4・5文目：... thought about going to the museum next. But knowing that the weather might change, I **went to the ropeway before there**（次は美術館に行くことを考えました。でも天気が変わるかもしれないと知ったので，そこの前にロープウェイに行きました）

この問題は順序を紛らわしくさせる表現に惑わされないことがポイントです。レビューの3文目にI went there twice during my stay.（滞在中に2回行きました。）とありますが，during my stay（滞在中に）から必ずしも同じ日に2回行ったとは限らないことがわかります。また，5文目のI went to the ropeway before there.の

there は前文の museum を指しているので，2日目は museum の前にロープウェイに行ったことがわかります。
以上からキャシーが観光スポットを回った順番は，
④ seafood restaurant → ③ ropeway → ① aquarium → ③ ropeway → ② museum
だとわかります。

重要語句

☐ order 名 順番

問題文と設問の訳

あなたは，次のオンライン旅行ガイドとレビューを見て，旅行を計画しています。

グリーンシティー

文化，景色や食べ物があり，小旅行に最適の場所

1. 文化

グリーンレイクミュージアム

この美術館は，画家ジョン・カールの生涯を展示しています。全国的に愛されているアニメ『カール!!』は彼の子ども時代を描いています。他では見られないエピソードを見てください。

- 10ドル
- 開館時間　午前9時～午後4時30分
- 火曜休館

2. 自然

水族館

この水族館には多くの種類の熱帯魚がいます。他では見られない珍しい魚が見られます！

- 10ドル（3名以上の団体で30%割引）
- 開館時間　午前9時30分～午後5時
- 月曜と木曜休館

ロープウェイ

高さ1,010メートル。昼間も暗くなってからも景色が楽しめます！

- 15ドル
- 営業時間　午前10時～午後10時15分（最終乗車時間：午後9時20分）
- 水曜定休

3. 食事（繁華街）

- マリーナシーフード（午後6時～午後10時）

バスA

- 午前9時15分から午後5時15分までは1時間ごとに，午後6時15分から午後9時15分までは90分ごとに駅を出発します。

バスB

- 午前8時30分から午後5時30分までは1時間ごとに，午後7時から午後11時までは2時間ごとに駅を出発します。

レビュー

キャシー

評価：★★★★☆

ダウンタウンのホテルにチェックインした後，駅の近くの店でシーフードを楽しみました。それから私はロープウェイに行きました。とても楽しかったので，滞在中に2回行きましたが，昼間の景色のほうが好きです。翌日は水族館から始めました。そして次は美術館に行くことを考えました。でも天気が変わるかもしれないと知ったので，そこの前にロープウェイに行きました。美術館では，学生には20%割引を提供だったので，学生証を持って行くべきでした。私は少しがっかりしましたが，芸術作品を見られてよかったです。

問 1 本文に関する**事実**（意見ではない）は何か。

① 美術館は年間を通して土曜日が休みだ。

② 美術館が学生に提示している値段は高すぎる。

③ この街は小旅行を楽しみたい人に人気だ。

④ 美術館ではテレビでは放映されないアニメのエピソードを見ることができる。

問 2 本文に関する**意見**（事実ではない）は何か。

① 水族館には世界で最もたくさんの種類の珍しい魚がいる。

② ロープウェイからの昼間の眺めは夜の眺めよりも良い。

③ 学生のために，美術館の値段をもっと安くするべきだ。

④ その日，レビュー投稿者は学生証を持っていなかった。

問 3 もし学生証を持った高校生が両親と一緒にこの街に来たら，この家族はロープウェイを含めて美術館，水族館に（　　　）ドル払わなければならない。

① 94

② 96

③ 103

④ 105

問 4 キャシーが最初に乗ったであろうバスはどれか。

① 午後 5 時 15 分に駅を出発するバス A

② 午後 9 時 15 分に駅を出発するバス A

③ 午後 7 時に駅を出発するバス B

④ 午後 9 時に駅を出発するバス B

問 5 以下の場所をキャシーが街で移動した順に並べなさい。（選択肢は複数回使用できる）。

① 水族館

② 美術館

③ ロープウェイ

④ シーフードレストラン

問題編　44ページ

犬は人間の親友以上になりうる

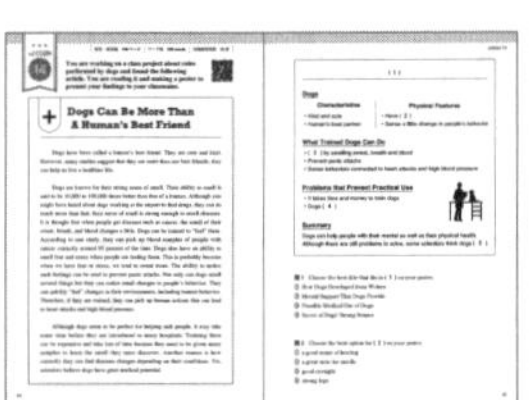

正解　問1 ③　問2 ②　問3 ②　問4 ④　問5 ①

全体像をつかもう

You are working on a class project about roles performed by dogs and found the following article. You are reading it and making a poster to present your findings to your classmates.

リード文から，犬によって果たされる役割についての記事を読みそのポスターを完成させる必要があると理解する。

このような問題では，基本的に**ポスターは本文の内容に沿って順番通りにまとめられています**。そのため**先にポスターに目を通しておく**ことで，**本文中の問いに関係している箇所に気づきやすく**なります。

Dogs Can Be More Than A Human's Best Friend

第1段落　犬は人間にとって，親友以上の存在である可能性

Dogs have been called a human's best friend. They are cute and kind. However, many studies suggest that they are more than our best friends; they can help us live a healthier life.

第2段落　犬が訓練されると可能なこと

Dogs are known for their strong sense of smell. Their ability to smell is said to be 10,000 to 100,000 times better than that of a human. Although you might have heard about dogs working at the airport to find drugs, they can do much more than that; their sense of smell is strong enough to smell diseases. It is thought that when people get diseases such as cancer, the smell of their sweat, breath, and blood changes a little. Dogs can be trained to "feel" them. According to one study, they can pick up blood samples of people with cancer correctly around 95 percent of the time. Dogs also have an ability to smell fear and stress when people are feeling them. This is probably because when we have fear or stress, we tend to sweat more. The ability to notice such feelings can be used to prevent panic attacks. Not only can dogs smell several things but they can notice small changes in people's behavior. They can quickly "feel" changes in their environments, including human behavior. Therefore, if they are trained, they can pick up human actions that can lead to heart attacks and high blood pressure.

第3段落　問題点と要約

Although dogs seem to be perfect for helping sick people, it may take some time before they are introduced to many hospitals. Training them can be expensive and take lots of time because they need to be given many samples to learn the smell they must discover. Another reason is how correctly they can find diseases changes depending on their conditions. Yet, scientists believe dogs have great medical potential.

ポスターを見てみると全体が理解できます。

（1）

Dogs

Characteristics	Physical Features
• Kind and cute	• Have（ 2 ）
• Human's best partner	• Sense a little change in people's behavior

What Trained Dogs Can Do

- （ 3 ）by smelling sweat, breath and blood
- Prevent panic attacks
- Sense behaviors connected to heart attacks and high blood pressure

Problems that Prevent Practical Use

- It takes time and money to train dogs
- Dogs（ 4 ）

Summary

Dogs can help people with their mental as well as their physical health. Although there are still problems to solve, some scientists think dogs（ 5 ）.

重要語句

□ work on ～ ～に取り組む　□ article 名 記事　□ present 動 ～を提示する　□ sense 名 感覚
□ train＋O＋to *do* Oが～するように訓練する　□ pick up ～ ～を見つけ出す，嗅ぎつける　□ fear 名 恐怖
□ sweat 動 汗をかく　□ prevent 動 ～を予防する　□ panic attack パニック障害　□ behavior 名 行動
□ including 前 ～を含む　□ lead to ～ ～につながる　□ heart attack 心臓発作　□ blood pressure 血圧
□ introduce 動 ～を導入する　□ depend on ～ ～次第である　□ condition 名 調子，健康状態
□ potential 名 可能性　□ characteristic 名 特性　□ feature 名 特徴　□ sense 動 ～を感じる
□ connected to ～ ～に関係している　□ practical 形 実用的な　□ A as well as B　BだけでなくAも

問 1　**正解**　③

解答の見通しをたてよう

問 1　Choose **the best title** that fits in **(1)** on your poster.

ポスターのタイトルを尋ねる問題です。タイトルは，本文の「一部分」ではなく**全体に当てはまる内容**であることに注意しましょう。つまり，タイトルに関する問題は１番目に出題されていても，**必ず全体を読んでから解く**ことになります。

解答の根拠を探そう

本文全体で述べられている一貫したテーマを探しましょう。ポスターを手がかりに本文を見ていきます。

(1)

Dogs

Characteristics	**Physical Features**
• Kind and cute	• Have **(2)**
• Human's best partner	• Sense a little change in people's behavior

What Trained Dogs Can Do

- **(3)** by smelling sweat, breath and blood
- Prevent panic attacks
- Sense behaviors connected to heart attacks and high blood pressure

Problems that Prevent Practical Use

- It takes time and money to train dogs
- Dogs **(4)**

Summary

Dogs can help people with their mental as well as their physical health. Although there are still problems to solve, some scientists think dogs **(5)**.

本文の第２段落目に書かれていることをまとめた **What Trained Dogs Can Do**（訓練された犬ができること）に **Prevent panic attacks**（パニック障害を防ぐ）や，Sense behaviors connected to **heart attacks and high blood pressure**（**心臓発作や**

高血圧に関係している行動を感じる）と書かれています。また，本文全体のまとめである **Summary**（要約）にも **Dogs** can help people **with their mental as well as their physical health.**（**犬は**人の**身体的健康だけでなく精神的健康**にも役立ちうる）と書かれていることから，一貫して**犬の医療的役割**がテーマであることが読み取れます。

解答を絞り込もう

読み取った内容と一致する選択肢を探します。

① How Dogs Developed from Wolves（どのようにして犬が狼から進化したか）
本文で言及がありません。

② Mental Support That Dogs Provide（犬が与えてくれる精神的サポート）
第1段落1文目に，Dogs have been called **a human's best friend.**（犬は人間の親友と呼ばれてきました。）とあります。この「親友」という表現から長年人間に**精神的に寄り添ってきた**ことがくみ取れますが，**一部分のみに当てはまる内容をタイトルにすることはできません。**よって②は不正解です。

③ Possible **Medical Use** of Dogs（犬の医療的使用の可能性）
一貫して**犬の医療的役割**がテーマであることが読み取れるので，**犬の医療的役割**に関係している③が正解です。

④ Secret of Dogs' Strong Senses（犬の強い感覚の秘密）
第2段落2文目に 10,000 to 100,000 times better than that of a human（人間の嗅覚の1万倍から10万倍良い）と書かれていますが，「それはなぜか」という **Secret**（秘密）**については書かれていません。**よって④は不正解です。

重要語句

□ develop from ～ ～から発達する

問2 **正解 ②**

解答の見通しをたてよう

問2 Choose the best option for **(2)** on your poster.

Physical Features

- Have (2)
- Sense a little change in people's behavior

本文で述べられている**犬の身体的特徴**（**Physical Features**）についての問題です。**ポスターの最初に書かれている項目**ですので，**本文の比較的早い段階で書かれている**ことが予想されます。実際の犬のイメージで解くのではなく，**必ず本文から解答の根拠を探す**ようにしましょう。

解答の根拠を探そう

Dogs are known for their strong sense of smell. Their ability to smell is said to be 10,000 to 100,000 times better than that of a human. Although you might have heard about dogs working at the airport to find drugs, they can do much more than that; their sense of smell is strong enough to smell diseases.

第2段落の冒頭部分で Dogs are known for their **strong sense of smell**.（犬は**強い嗅覚**を持っていることで知られています。）と述べられているので，これに関係する選択肢がないか確認しましょう。

解答を絞り込もう

読み取った内容と一致する選択肢を探します。

strong sense of smell
↓
② a great nose for smells（優れた嗅覚の鼻）

strong sense of smell（強い嗅覚）を **a great nose for smells** に言い換えた②が正解です。

---

① a good sense of hearing（優れた聴覚），③ good eyesight（良い視力），④ strong legs（強い脚力）については本文で言及がありません。

問3 正解 ②

解答の見通しをたてよう

問3 Choose the best option for **(3)** on your poster.

What Trained Dogs Can Do

• (3) by smelling sweat, breath and blood

本文で述べられている**訓練された犬ができること**（**What Trained Dogs Can Do**）についての問題です。ポスターの2つ目の項目ですので，本文の中ごろに書かれているのではないかと予測できます。ポスターに**by smelling sweat, breath and blood**（**汗，息，血液の匂いを嗅ぐことで**）と書かれているので，**これを目印に本文を読む**ようにしましょう。

解答の根拠を探そう

Dogs are known for their strong sense of smell. Their ability to smell is said to be 10,000 to 100,000 times better than that of a human. Although you might have heard about dogs working at the airport to find drugs, they can do much more than that; their sense of smell is strong enough to smell diseases. It is thought that when people get diseases such as cancer, **the smell of their sweat, breath, and blood changes a little**. Dogs can be trained to “feel” **them**. According to one study, they can pick up blood samples of people with cancer correctly around 95 percent of the time. Dogs also have an ability to smell fear and stress when people are feeling them. This is probably because when we have fear or stress, we tend to sweat more. The ability to notice such feelings can be used to prevent panic attacks. Not only can dogs smell several things but they can notice small changes in people’s behavior. They can quickly “feel” changes in their environments, including human behavior. Therefore, if they are trained, they can pick up human actions that can lead to heart attacks and high blood pressure.

第2段落の4文目にポスターの **(3)** の sweat, breath and blood を含んでいる It is thought that when people get diseases such as cancer, **the smell of their sweat, breath, and blood changes a little**.（がんなどの病気になると，**汗や息，血液の匂**

いが少し変わると考えられています）に着目しましょう。続く5文目にDogs can be trained to "feel" **them.**（犬は**それら**を「感じる」ように訓練することができます。）とありますが，ここでのthem（それら）は4文目の**the smell of their sweat, breath, and blood**を指しています。よって，この4・5文目から，**犬は訓練されると病気を持つ人特有の汗や息や血液の匂いのささいな変化を感じる**ことができることがわかります。

解答を絞り込もう

読み取った内容と一致する選択肢を探します。

① change their attitudes according to each person（それぞれの人に応じて態度を変える）
本文では言及がありません。

people get diseases such as cancer
↓
② notice when people are suffering from illness（人が病気で苦しんでいるときに気づく）
汗や息や血液の匂いを嗅ぐことによって（by smelling sweat, breath and blood），**犬は訓練されると人が病気だとわかる**ことに言及している②が正解です。
people get diseases such as cancer を people are suffering from illness と言い換えています。

③ pick up samples that are hidden（隠されたサンプルを見つける）
第2段落6文目に **pick up** blood **samples** of people with cancer correctly around 95 percent of the time（がんになった人の血液**サンプルを**約95%の確率で正しく**見つけ出す**）と書かれていますが，この血液サンプルが**隠されているというようなことは書かれていません**。

④ tell if people are feeling pressure or stress（人がプレッシャーやストレスを感じているか見分ける）
第2段落の7文目に，Dogs also have an ability to **smell fear and stress when people are feeling them.**（また，犬は**人が恐怖やストレスを感じているときにそれを嗅ぎ分ける**能力も持っています。）と書かれています。ただし，それをどうやって嗅ぎ分けているかというと，続く8文目から This is probably because when we have fear or stress, we tend to **sweat more**.（これはおそらく人間が恐怖やストレスを感じると，**もっと汗をかきやすくなる**からでしょう。）と書かれていることから，ポスター中にあるような**息や血液の匂いまでは言及されていない**の

で，④は不正解です。

重要語句

☐ attitude 名 態度　☐ according to ～ ～に応じて

問 4　**正解　④**

解答の見通しをたてよう

問 4　Choose the best option for **(4)** on your poster.

Problems that Prevent Practical Use

- It takes time and money to train dogs
- Dogs (**4**)

本文で述べられている**実用的な使用を妨げる問題**（**Problems that Prevent Practical Use**）についての問題です。**ポスターの 3 つ目の項目**ですので，**本文の終盤に書かれている**ことが予想できます。また，**(4)**の 1 項目目の It takes time and money to train dogs（犬を訓練するのには時間やお金がかかる）に関することが本文でも 2 項目目より先に書かれていると考えられますので，ヒントにして該当箇所を探してみましょう。

解答の根拠を探そう

問題点が述べられているのは第 3 段落ですので，そこを中心に読んでいきましょう。

Although dogs seem to be perfect for helping sick people, it may take some time before they are introduced to many hospitals. **Training them** can be expensive and **take lots of time** because they need to be given many samples to learn the smell they must discover. **Another reason** is **how correctly** they can find **diseases changes depending on their conditions**. Yet, scientists believe dogs have great medical potential.

まず，2 文目に It takes time and money to train dogs に関することが書かれていま

す。3文目が **Another reason**（別の理由）で始まっていることから，この文に答えとなる箇所があることがわかります。つまり，**how correctly** they can find **diseases changes depending on their conditions**（**犬の調子によってどれだけ正確に**病気を発見できるかが変わってくる）ことについて書かれているものが正解となるはずです。

解答を絞り込もう

読み取った内容と一致する選択肢を探します。

① are sensitive to the changes in their surroundings（周囲の環境の変化に敏感である）
第2段落最後から2文目に They can **quickly "feel" changes** in their **environments**（犬は**環境の変化**を**素早く「感じる」**ことができるのです）と書かれています。続く文の Therefore, if they are trained, they can pick up human actions that can lead to heart attacks and high blood pressure.（そのため，犬は訓練されれば，心臓発作や高血圧につながる人間の行動を見つけ出すことができるのです）から，問題点ではなく**良い点として述べられている**ことがわかります。

② can also catch some diseases from humans（人間から病気がうつる可能性もある）
本文で言及がありません。

③ get tired easily so they can't smell lots of people（簡単に疲れるのでたくさんの人のにおいを嗅ぐことができない）
本文で言及がありません。

この**犬の調子によって病気の人を発見できる正確性が変わる**ことに言及している選択肢が④です。

how correctly they can **find diseases** changes **depending on their conditions**

④ sometimes fail to notice the sign of sick people（時に病気の人の徴候に気づかない）
find diseases を **notice the sign of sick people** と言い換えています。また，**depending on their conditions**（犬の調子によって）で変わるということは，病気に気づかないときもあるということです。これを **sometimes fail to notice**（時に～に気づかない）と表している④が正解となります。

重要語句

□ sensitive 形 敏感な　□ fail to *do* ～しない

問 5 **正解** ①

解答の見通しをたてよう

問 5 Choose the best option for **(5)** on your poster.

Summary

Dogs can help people with their mental as well as their physical health. Although there are still problems to solve, some scientists think dogs **(5)**.

全体の要約に関係する問題です。空所を含む文が Although there are still problems to solve, some scientists think dogs **(5)**.（まだ解決すべき問題はあるが，犬は(　　　)と考える科学者もいる。）と書かれていますのでこの 1 文から読み取れることを考えてみましょう。この文では **Although 節の内容がネガティブである**ことを踏まえると，**空所にはポジティブな内容が書かれる**ことが予想されます。つまり，「問題点」について言及している第 3 段落内のポジティブな内容を探しつつ読む必要があるということがこの 1 文から読み取れるということです。

解答の根拠を探そう

Although dogs seem to be perfect for helping sick people, it may take some time before they are introduced to many hospitals. Training them can be expensive and take lots of time because they need to be given many samples to learn the smell they must discover. Another reason is how correctly they can find diseases changes depending on their conditions. Yet, scientists believe dogs have great **medical potential**.

ポスターの Although there are still problems to solve（まだ解決すべき問題はあるが）に該当する箇所を本文で探してみると，第 3 段落 1 ～ 3 文目に問題点について書かれていることがわかります。この problems to solve の内容は，ポスターの **Problems that Prevent Practical Use** にまとめた通りです（問 4 参照）。よって，第 3 段落 4 文目が空所に関係するところだとわかります。ここには，Yet, scientists believe dogs have great **medical potential**.（それでも，科学者たちは犬には大きな**医療的可能性**があると信じています。）と述べられています。

解答を絞り込もう

読み取った内容に適した選択肢を探してみましょう。

科学者たちは犬には大きな医療的可能性があることを信じているということを説明している選択肢を探します。

have great **medical potential**

① can be helpful in the medical world（医療の世界で役立つ可能性がある）

potentialという可能性を表す言い回しがcan beに，**medical potential**が**helpful in the medical world**と言い換えられている①が正解となります。

②，③，④については本文で特に言及されていませんので，不正解です。特に③ need to be trained more efficiently（より効率的に訓練される必要がある）や，④ should be careful about catching diseases（病気になることに気をつけなければならない）はネガティブな内容であるため，ポスターのAlthough節の後に入れるには不適切です。

重要語句

□ efficiently 副 効率的に

問題文と設問の訳

あなたは犬によって果たされる役割に関する授業のプロジェクトに取り組んでいるところで，以下の記事を見つけました。あなたはそれを読み，クラスメートにわかったことを示すためにポスターを作っているところです。

犬は人間の親友以上になりうる

犬は人間の親友と呼ばれてきました。犬はかわいく，親切です。しかし，多くの研究によると犬は親友以上の存在であると示唆されています。すなわち，私たちがより健康的な生活を送るために役立つ可能性があるというのです。

犬は強い嗅覚を持っていることで知られています。その嗅覚は，人間の嗅覚の1万倍から10万倍良いとも言われています。薬物を見つけるために空港で働いている犬について聞いたことがあるかもしれませんが，犬はそれよりもはるかに多くのことができます。つまり，犬の嗅覚は病気を嗅ぎ分けることができるほど強いのです。がんなどの病気になると，汗や息，血液の匂いが少し変わると考えられています。犬はそれらを「感じる」ように訓練することができます。ある研究によると，がんになった人の血液サンプルを約95%の確率で正しく見つけ出すことができるそうです。また，犬は人が恐怖やストレスを感じているときにそれを嗅ぎ分ける能力も持っています。これはおそらく人間が恐怖やストレスを感じると，もっと汗をかきやすくなるからでしょう。そのような感情に気づく能力は，パニック障害の予防にも使えます。犬はいろいろなものを嗅ぎ分けられるだけでなく，人のちょっとした行動の変化にも気づくことができます。犬は人間の行動を含む環境の変化を素早く「感じる」ことができるのです。そのため，犬は訓練されれば，心臓発作や高血圧につながる人間の行動を見つけ出すことができるのです。

犬は病気の人を助けるのに最適に思えますが，多くの病院に導入されるまでには時間がかかるかもしれません。というのも，発見すべき匂いを覚えさせるために多くのサンプルを与える必要があるため，犬を訓練するのは多くの費用や時間がかかる可能性があるからです。また別の理由は，犬の調子によってどれだけ正確に病気を発見できるかが変わってくるということです。それでも，科学者たちは犬には大きな医療的可能性があると信じています。

(1)

犬

特性	**身体的特徴**
• 親切でかわいい	• **(2)** を持っている
• 人間の最良のパートナー	• 人の行動のささいな変化を感じる

訓練された犬ができること

- 汗, 息, 血液の匂いを嗅ぐことで **(3)**
- パニック障害を防ぐ
- 心臓発作や高血圧に関係している行動を感じる

実用的な使用を妨げる問題

- 犬を訓練するのには時間やお金がかかる
- 犬は **(4)**

要約

犬は人の身体的健康だけでなく精神的健康にも役立ちうる。
まだ解決すべき問題はあるが, 犬は **(5)** と考える科学者もいる。

問 1 あなたのポスターの **(1)** に当てはまる最も適切なタイトルを選ぼう。

① どのようにして犬が狼から進化したか
② 犬が与えてくれる精神的サポート
③ 犬の医療的使用の可能性
④ 犬の強い感覚の秘密

問 2 あなたのポスターの **(2)** に当てはまる最も適切な選択肢を選ぼう。

① 優れた聴覚
② 優れた嗅覚の鼻
③ 良い視力
④ 強い脚力

問 3　あなたのポスターの **(3)** に当てはまる最も適切な選択肢を選ぼう。

① それぞれの人に応じて態度を変える

② 人が病気で苦しんでいるときに気づく

③ 隠されたサンプルを見つける

④ 人がプレッシャーやストレスを感じているか見分ける

問 4　あなたのポスターの **(4)** に当てはまる最も適切な選択肢を選ぼう。

① 周囲の環境の変化に敏感である

② 人間から病気がうつる可能性もある

③ 簡単に疲れるのでたくさんの人の匂いを嗅ぐことができない

④ 時に病気の人の徴候に気づかない

問 5　あなたのポスターの **(5)** に当てはまる最も適切な選択肢を選ぼう。

① 医療の世界で役立つ可能性がある

② もっと人気のあるペットにならないといけない

③ より効率的に訓練される必要がある

④ 病気になることに気をつけなければならない

学習の記録

LESSON	学習日	wpm	words	目標 wpm
01	月　　日		210	70
02	月　　日		208	69
03	月　　日		228	76
04	月　　日		222	74
05	月　　日		268	89
06	月　　日		271	90
07	月　　日		280	93
08	月　　日		274	91
09	月　　日		242	81
10	月　　日		292	97
11	月　　日		299	100
12	月　　日		290	97
13	月　　日		284	95
14	月　　日		300	100

wpm（= words per minute）は，英文全体を「3 分で読む」には「1 分間に何語読むべきか」を表しています。速読の際にスピードの目安にしましょう。

英語問題作成所

武藤 一也（むとう かずや）
東進ハイスクール・東進衛星予備校講師。英語の音読量を記録するアプリ「音読メーター」を開発。入試問題・英文を作成する英語問題作成所の代表。 英語専門塾セプトのアドバイザー。Cambridge CELTA Pass A（合格者の上位 5%），英検 1 級取得。TOEIC®L&R テスト スコア 990（満点），TOEIC® S / W テスト各スコア 200（満点）。著書は『Reading Flash』シリーズ（桐原書店），『イチから鍛える英語長文』シリーズ（学研プラス），『共通テスト　英語リスニングドリル』（ナガセ）など多数。
武藤一也オフィシャルウェブサイト：
https://mutokazu.com/

奥野 信太郎（おくの しんたろう）
英語専門塾セプトの塾長。英語問題作成所のディレクター。大学在学中に南アフリカやカナダに留学し，卒業後は福井県の県立高等学校で 6 年間勤務。全日制高校と定時制高校で様々な生徒に英語を教えてきた。英検 1 級取得。著書は『Reading Flash』シリーズ（桐原書店），『イチから鍛える英文法』シリーズ（学研プラス），『キリトリ式でペラっとスタディ！中学英語の総復習ドリル』（学研プラス）など多数。

角脇 雄大（かどわき ゆうだい）
英語専門塾セプト講師。埼玉県の県立高等学校で 5 年間の指導経験を積み，その間に英検 1 級を取得。英語教師としてのさらなる高みを目指し，群馬県に活躍の場を移す。「生徒の心に火をつけ，飛躍への土台をつくる」ことをモットーに授業を行い，「英語問題作成所」および「音読メーター」の活動にも携わる。

高山 のぞみ（たかやま のぞみ）
河合塾講師。高校での指導経験のほか，アメリカで日本語教員インターンの経験もあり。河合塾では文法からリスニングまで幅広いジャンル・レベルの講座を担当し，映像授業にも出演中。同時に教材の執筆も数多く手掛けている。TOEIC®L&R テストスコア 990（満点）。著書は『やさしくひもとく共通テスト　英語リーディング』『やさしくひもとく共通テスト　英語リスニング』（共に学研プラス）などがある。
Twitter：@nozomit0103

堀越 ちさと（ほりこし ちさと）
水戸駿優予備学校，湘南ゼミナール講師。大学受験英語のほかに，TOEIC® や英検などの検定試験講座など多岐にわたる講座を担当している。「英語を学ぶことで夢を叶えてほしい」という想いから，受験生一人一人のニーズに応えるオンライン授業も個人で展開している。
Twitter：@Kon719
Chisato English Program：
https://www.chisatoenglish.com/

●英文校閲　Karl Matsumoto
●写真提供　Shutterstock.com

英文速読マスター　標準編

2021 年 9 月 20 日　初　版第 1 刷発行

著　者　英語問題作成所
発行人　門間 正哉
発行所　株式会社 桐原書店
〒 160-0023 東京都新宿区西新宿 4-15-3
住友不動産西新宿ビル 3 号館
TEL：03-5302-7010（販売）
www.kirihara.co.jp
装丁・本文レイアウト　徳永 裕美
DTP　徳永 裕美
イラスト　中嶋 史子
印刷・製本　図書印刷株式会社

ISBN978-4-342-00223-6
Printed in Japan